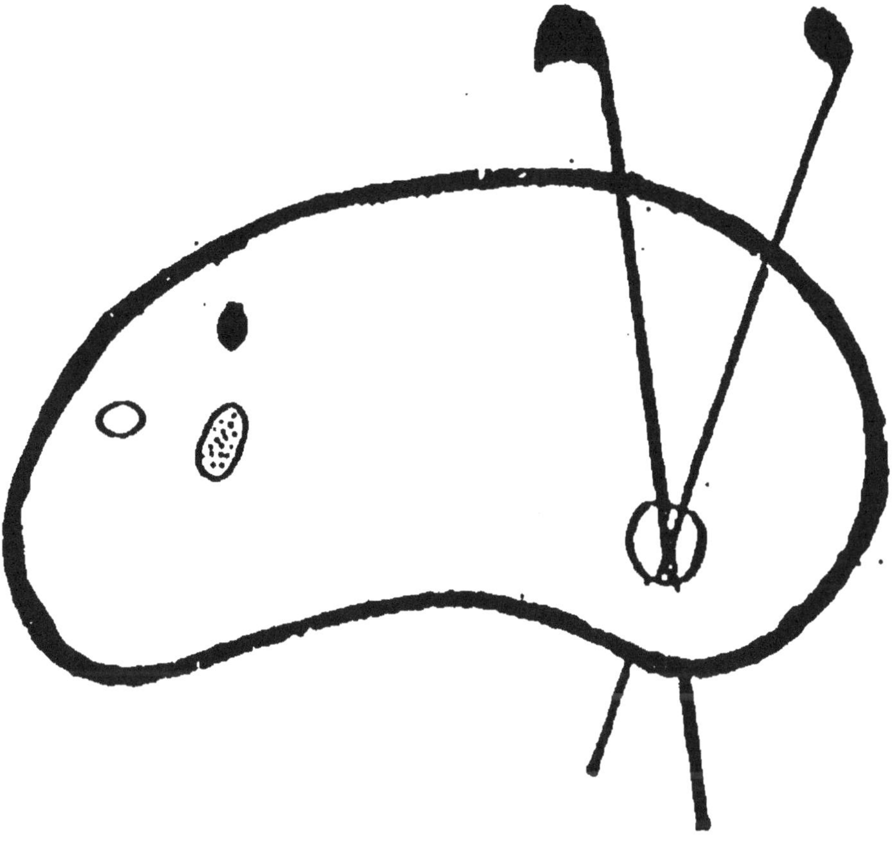

DEBUT D'UNE SERIE DE DOCUMENTS
EN COULEUR

LA VIE

ET LA MORT

A. M.

PARIS

E. THORIN, ÉDITEUR

Libraire du Collége de France, de l'École normale supérieure
et des Écoles françaises d'Athènes et de Rome

7, RUE DE MÉDICIS, 7

—

1881

IMPRIMERIE PAUL BOUSREZ, RUE DE LUCÉ, 5, TOURS.

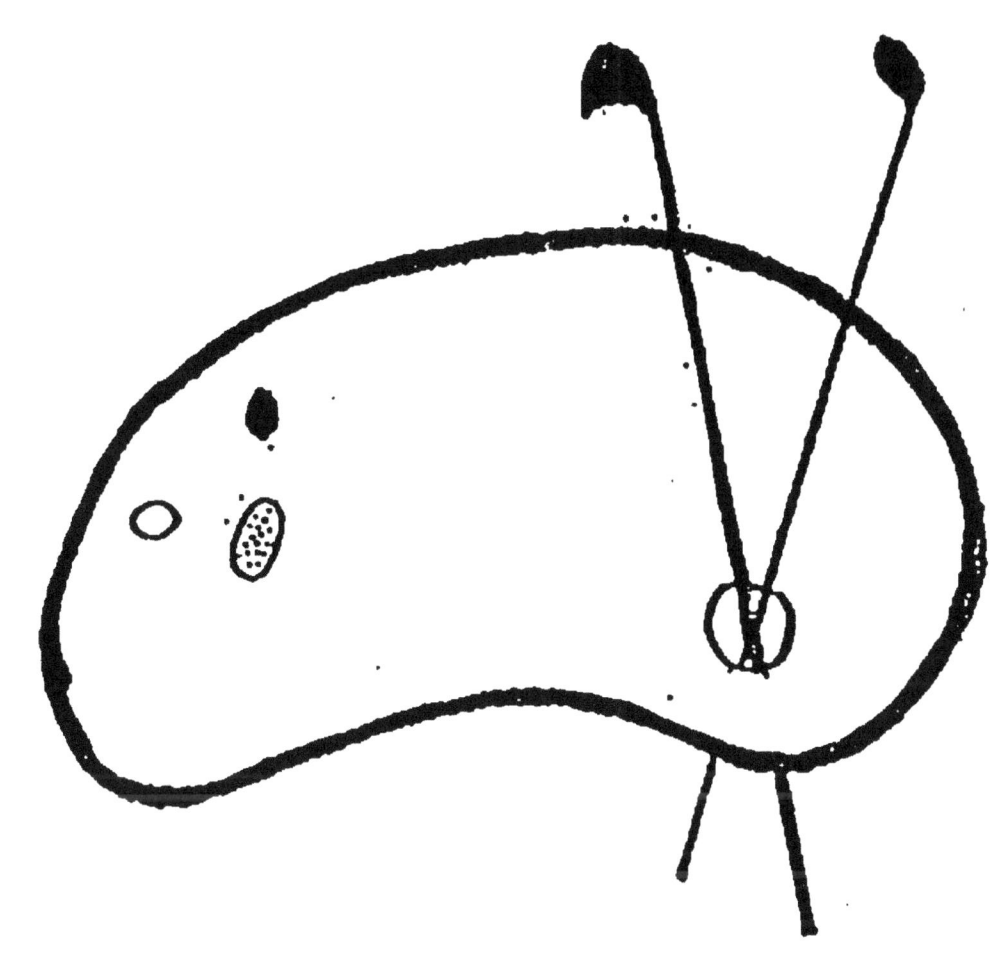

FIN D'UNE SERIE DE DOCUMENTS EN COULEUR

LA VIE ET LA MORT

IMPRIMERIE PAUL BOUSREZ, RUE DE LUCÉ, 5, TOURS.

LA VIE

ET LA MORT

A. M.

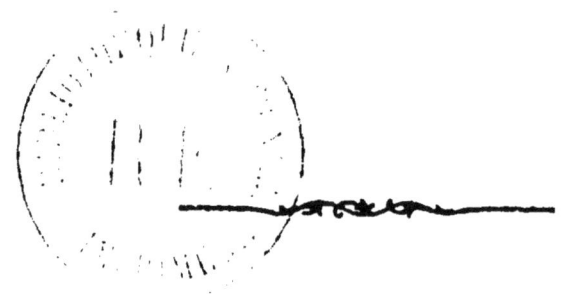

PARIS

E. THORIN, ÉDITEUR

Libraire du Collége de France, de l'École normale supérieure
et des Écoles françaises d'Athènes et de Rome

7, RUE DE MÉDICIS, 7

—

1881

LA VIE ET LA MORT

I.

C'était par une de ces journées froides et brumeuses, comme il s'en rencontre souvent aux approches de l'hiver; le temps était sombre, l'air vif et perçant, la nature morne et silencieuse.

Sur la route qui sert de communication entre le bourg de Murval et les bois de Saint-Georges, cheminait un homme dont l'accoutrement pauvre et disparate indiquait la misérable condition. Un manteau de couleur douteuse, troué en plusieurs endroits, était négligemment jeté sur ses épaules. De mauvaises bottes à haute tige, recouvrant le bas d'un pantalon rapiécé, lui servaient de chaussures. Sa tête était couverte d'un chapeau à larges bords. Son allure était inégale et incertaine; son visage pensif et profondément triste.

Arrivé à un point où la route se bifurque, au lieu de continuer le chemin du village, qu'il suivait d'abord, il prit un sentier abrupt et rocailleux, qui le conduisit, après une heure de marche pénible, à une sorte d'esplanade, formée au milieu de la forêt par des rochers à fleur de terre. Là il s'arrêta; et, promenant ses regards de côté et d'autre, comme pour chercher l'endroit le plus retiré de ce lieu sauvage et désert, il alla enfin s'asseoir à l'entrée d'une espèce de grotte naturelle dissimulée par un groupe d'arbustes rabougris. Après avoir mangé un morceau de pain sec et dur qu'il portait sous son manteau, sans s'inquiéter du froid qui sévissait, ni de l'heure avancée du jour, il mit la tête dans ses mains et se prit à réfléchir.

Déjà les premières ombres de la nuit, augmentées d'un léger brouillard, commençaient à se répandre. Les arbres, prenant une teinte noire, se confondaient avec le sol, et permettaient à peine d'apercevoir les sentiers de la forêt, lorsque le mendiant se sentit violemment secoué par son manteau. Sortant comme d'une profonde rêverie, il passa la main sur son front, et recueillant ses idées, chercha à se rendre compte de ce qui arrivait. Puis, levant les yeux, il considéra longuement celui qui venait ainsi le déranger, et murmura d'une voix affaiblie ces quelques paroles :

« Que me voulez-vous? »

L'homme auquel elles s'adressaient était un religieux; sorti pour aller porter les consolations de la religion à un mourant, dans un hameau assez éloigné, afin de revenir plus tôt à son monastère, il avait pris ce sentier difficile, mais plus direct. Entendant quelques gémissements étouffés, il écouta d'où ils pouvaient venir, et aperçut enfin ce pauvre, dont l'attitude singulière le frappa. Poussé par sa charité et par je ne sais quel secret instinct, qui lui faisait entrevoir dans cet incident quelque chose d'extraordinaire, il s'approcha, et, après avoir arraché l'inconnu à ses sombres pensées, il se tint immobile devant lui, sans répondre à la question que ce dernier lui avait machinalement posée.

Au bout de quelques minutes, le mendiant se leva avec effort, et, sans prononcer un seul mot, avança sur le bord d'un énorme rocher, qui servait de limite et d'assises au plateau où il se trouvait. La nuit allait s'accentuant de plus en plus; le froid augmentait d'intensité. Mais bientôt, après avoir rompu et balayé les nuages qui s'étendaient d'une extrémité à l'autre du firmament comme un voile lugubre, le vent s'apaisa; les étoiles se dessinèrent sur un ciel parfaitement pur; et la lune, semblable à un globe d'argent, commença dans les plaines azurées sa course silencieuse, versant à flots sur la nature endormie, cette lumière douce qui invite au recueillement et à la prière.

Le religieux contemplait de loin son singulier compagnon, dans un étonnement mêlé d'une tendre compassion. Son habillement bizarre, cette insensibilité sauvage que cause l'excès du malheur, ses manières étranges, tout faisait naître dans son esprit mille pensées contradictoires, et il ne savait à quoi se résoudre. Cependant, quand les premières émotions furent passées, réfléchissant sur les divers incidents de cette scène inattendue, il comprit que peut-être il était en face de quelque grande infortune, et pria Dieu de l'éclairer sur ce qu'il devait faire.

Debout et appuyé sur son bâton, le mendiant restait à la même place et semblait avoir repris le cours de ses méditations brusquement interrompues. De son côté, le religieux se mit à se promener, cherchant dans son cœur comment il pourrait provoquer un entretien, bien résolu de ne pas s'éloigner avant d'avoir offert à cette âme ulcérée les consolations qui étaient en son pouvoir. Le mendiant lui-même mit fin à cette situation ambiguë. Se rapprochant du religieux, qui s'arrêta, il lui dit sans détour, comme un homme qui sait parfaitement à qui il s'adresse, et ce qu'on demande de lui :

« Vous voulez me parler. Ma présence en ce lieu et à cette heure a fait naître en vous la pensée de me secourir, ou tout au moins de me consoler. Inutile : ma misère est de telle nature que tout remède est impuissant.

— Quand on souffre, il est bon de répandre au dehors, toutes les fois qu'on en trouve l'occasion, ce qui fait l'objet de la souffrance. Car le chagrin, la souffrance concentrés produisent des ravages affreux, vous devez le savoir par expérience. L'âme qui se laisse envahir par les flots amers de cette *tristesse du siècle*, dont Dieu est banni, perd bien vite la sensibilité morale, si essentielle, et la grâce ne peut plus rien sur elle.

— Tout cela est juste. Mais pour se communiquer, il faut trouver quelqu'un qui vous comprenne, et qui ait pour vous précisément autant de science, de discrétion et d'amour qu'il en est besoin pour vous soulager, sinon vous guérir ; et c'est chose rare, presque introuvable.

— Il y a cependant un homme qui est chargé par état, que Dieu lui-même choisit et consacre pour remplir ce rôle de consolateur. Son âme, débarrassée de tout soin, de tout intérêt temporel ou terrestre, agrandie par la foi, embrasée par la charité, est, pour toutes les misères, ce qu'est l'Océan pour les rivières et les fleuves. C'est là que toutes les peines, les chagrins, les tristesses viennent naturellement aboutir et se perdre ; là que les esprits et les cœurs doivent constamment se décharger de ces eaux troublées et tumultueuses qu'amènent sans cesse les nuages de l'erreur et du vice.

— Ce que vous dites est vrai théoriquement ; mais dans la pratique, hélas ! bien des causes empêchent qu'il en soit toujours ainsi !

— En admettant cette restriction qui est nécessaire, il me semble néanmoins que Dieu a mis le remède à côté du mal, et que si tous les malades ne recouvrent pas la santé, il y a un peu de leur faute.....

— Et de celle de beaucoup d'autres, interrompit le mendiant, en fixant sur son compagnon un regard profond..... C'est une question terrible que celle de la damnation des âmes, et qui trop souvent est résolue à la légère.

— Expliquez-vous; ce sera un bonheur pour moi de m'entretenir avec vous. Entre votre langage et votre condition il y a une grande différence. Votre qualité de mendiant ne me surprend pas : les livrées de la misère sont quelquefois un linceul qui recouvre de grandes infortunes!.... Mais j'oublie le lieu où nous sommes et la rigueur de la saison. Nous allons gagner la route qui n'est pas très-éloignée, et nous continuerons notre entretien jusqu'au monastère, où vous recevrez une bonne hospitalité.

— Merci de votre offre généreuse, mais je ne puis l'accepter, répondit le mendiant d'un ton qui ne souffrait pas de réplique; ce n'est pas la première nuit que je passe en plein air, et sans doute ce ne sera pas la dernière. »

Le religieux regarda son compagnon avec tristesse. Puis, comprenant qu'il était inutile d'insister, il lui prit la main et le mena sans résistance près d'un énorme rocher, dont le sommet, penché en avant, formait une voûte naturelle. Là, tous deux s'assirent sur des fagots de branches mortes : et le religieux, reprenant la conversation, dit au mendiant, d'une voix grave et triste :

« Quand Dieu ouvre son cœur, quelle que soit sa

misère, il faut s'y précipiter. S'il a permis que je vous rencontre, s'il m'a attiré, je dirai même poussé vers vous, c'est qu'assurément il a des desseins de miséricorde. Vous êtes aigri et froidement désespéré, par suite des malheurs que vous avez soufferts, et des fautes aussi que vous avez pu commettre; mais réfléchissez, et voyez si ce désespoir affreux ne vient pas, en grande partie, de cette fatale concentration qui vous est habituelle et qui se traduit dans toutes vos paroles. Or la Providence vous offre maintenant, et de la façon la plus discrète et la plus amoureuse, le moyen de sortir de l'état malheureux où vous êtes : pourquoi ne pas en profiter?

— Vous voulez résoudre un problème, répartit tranquillement le mendiant, sans avoir les données suffisantes. Votre zèle et votre charité, et aussi la vue, ou plutôt le sentiment de ma misère, vous inspirent ces paroles, que votre cœur approuve, mais contre l'exagération desquelles proteste votre intelligence, ou alors vous ne savez guère ce que c'est qu'une âme..... Mais à quoi bon, continua-t-il avec une certaine vivacité, prolonger un entretien qui nous pèse à tous deux, et ne peut avoir aucun résultat pratique avantageux pour moi?»

Puis, se levant, il prit son bâton, rajusta son manteau, et tendant la main au religieux :

« Adieu, dit-il, nous ne pouvons nous comprendre, ni nous être utiles, et dès lors tout ce bavardage est superflu. »

Le religieux, d'abord stupéfait de ce dénouement inopiné, prit la main qui lui était offerte, et, la serrant fortement :

« Non, dit-il au mendiant, non, vous ne vous en irez pas. Cette conversation, mon cher ami, vous paraît vaine et ennuyeuse ; pour moi, au contraire, elle est de la plus haute importance ; le devoir, comme la charité, m'obligent à la continuer. Je soupçonne que vos souffrances morales sont plus grandes encore que vos souffrances physiques. Ce sont celles-là que je veux du moins essayer de guérir, et cette entrevue sera utile à votre âme plus que vous ne pensez. Son souvenir vous suivra partout et peut-être causera votre retour à Dieu, ne serait-ce qu'à l'article de la mort.....

— Dont les clartés fulgurantes éblouissent les yeux, épouvantent l'intelligence et ferment le cœur pour l'éternité, interrompit le mendiant d'un ton mélancolique..... Que me parlez-vous de retour à Dieu, ajouta-t-il en branlant la tête ? Si j'ai besoin de me convertir, ce n'est pas vous qui opèrerez ce prodige, non que j'éprouve pour vous quelque répulsion, mais nous ne sommes ni l'un ni l'autre dans les conditions voulues pour cela. Dans une conversion, qui est le chef-d'œuvre des chefs-d'œuvre et le miracle des miracles, il y a bien autre chose à faire que de se confesser et de recevoir une absolution.

— Toujours le désespoir, reprit le religieux avec tristesse ! toujours vous regardez Dieu à travers vos misères, au lieu de regarder vos misères à travers Dieu ! Vous ressemblez à un homme qui considère un paysage à travers un épais brouillard, et déclare que tout est noir et sombre.

— Ignorez-vous, mon Révérend Père, que la confiance perpétuelle et absolue en Dieu est le plus haut et le dernier degré de la perfection ? »

Le religieux, à bout d'expédients, fit rasseoir son compagnon, qui se laissa faire ; puis, après quelques moments de silence, il reprit d'une voix douce et affligée :

« Pourquoi le malheureux, le pauvre repousse-t-il le prêtre, le religieux, son seul ami ? et cependant ils se touchent de si près ! Je m'étonne que vous vous teniez constamment sur la défensive avec moi, que vous ayez même je ne sais quel sentiment de défiance, dont je suis infiniment peiné pour vous ; car c'est un déchirement de cœur inexprimable pour un prêtre et surtout pour un religieux, de voir une âme se perdre, lorsqu'il serait si aisé de lui faire du bien. »

Le mendiant réfléchit quelques instants. Son visage pâle, que la lune éclairait, perdit quelque chose de son impassibilité sévère et sombre, mais devint plus triste. Enfin, prenant la parole, il dit avec une émotion mal contenue :

« Pardonnez-moi si je blesse et afflige votre cœur. Mais le malheur, envenimé par le péché, est chose si terrible !

..... Quant au pauvre, c'est un mystère, dont le dernier mot est réservé à l'éternité. Entre lui et le religieux il y a un abîme, que Dieu seul peut combler, ou du moins voiler, lorsqu'il se tient au milieu d'eux ; il serait trop long et trop fastidieux de vous expliquer cette différence, que vous ne voyez pas, bien que vous la sentiez instinctivement. Cependant, moi qui subis cette dure condition et la comprends trop bien, hélas! je puis soulever un coin du voile, puisque vous semblez en avoir le désir, et vous donner quelques explications, très-courtes naturellement, mais suffisantes, je crois, pour satisfaire votre curiosité.

— Parlez toujours, reprit le religieux, qui espérait atteindre l'âme de son compagnon, en s'engageant dans cette voie un peu détournée : vos paroles sont toutes précieuses pour moi. Je vous serai reconnaissant de vouloir bien me montrer le parallélisme, ou plutôt l'antagonisme existant entre deux positions qui, à première vue, ne me paraissent pas différer sensiblement. »

A son tour, le mendiant paraissait devoir s'intéresser à la conversation et s'avouait vaincu sur ce premier point ; il consentait à rester et à causer amicalement avec le religieux, et c'était beaucoup.

Que s'était-il donc passé dans son âme? Ce qui arrive à tous ceux qui sont dans une de ces situations forcées, excessives, et qui par là même ont un dénouement subit et inespéré. Quand un arc est trop violemment tendu, il arrive un moment qu'il se brise, ou brise la corde qui le retient, et alors il reprend sa position naturelle. Ainsi, lorsqu'une âme est dans un état violent, contraint, parvenue à la limite extrême, elle tombe épuisée, inerte, ou bien rompt les liens qui l'enchaînent, et, se débarrassant par un suprême effort du poids qui l'écrase, redevient calme, sereine, comparativement à ce qu'elle était auparavant.

C'est ce qui venait d'avoir lieu pour le mendiant. Il repassait dans l'amertume de son cœur toutes ses misères, que nul ne consolait jamais. Seul, abandonné, en face de lui-même, il était en proie, suivant son ordinaire, à une tristesse sombre, désespérée; quand le religieux, venant brusquement interrompre le cours de ses pensées, lui avait causé ce vague mécontentement qu'éprouve toujours l'homme malheureux et souffrant, surpris dans l'activité même de sa douleur. Les questions, qu'il lui avait posées, ou qu'il avait provoquées, manquaient peut-être de ménagements et de discrétion; au lieu de l'apaiser, elles avaient accru son irritation, laquelle, arrivée à son point culminant, avait cédé presque subitement devant l'attitude à la fois douce et ferme du religieux. De là à une complète ouverture de conscience, il y avait loin sans doute, et le religieux ne se faisait pas illusion; mais enfin c'était une entrée, et, vu les circonstances et le caractère du mendiant, c'était presque une victoire.

II.

Le mendiant commença en ces termes :

« Vous connaissez la misère du pauvre, cependant je ne crois pas inutile de vous en esquisser les principaux traits. Pour préciser davantage les deux situations, et donner plus d'intérêt à un sujet qui par lui-même est pénible et ennuyeux, je vous mettrai en scène avec moi.

« Les austérités auxquelles vous vous adonnez, mises en regard de celles que je pratique moi-même, ne peuvent soutenir la comparaison. Votre cellule est pauvre, votre couche dure ; mais elle suffit et vous est toujours assurée ; moi, au contraire, je n'ai pas où reposer ma tête, et le gîte que je puis trouver, n'est guère propre à me soustraire aux injures du temps. Votre nourriture est simple, frugale, grossière même ; mais au moins avez-vous toujours le nécessaire, tandis qu'il me faut acheter par bien des larmes et des refus un chétif morceau de pain. Vous avez renoncé aux joies de la famille, aux avantages de la société ; le pauvre, lui, vit sans parents, sans famille, sans amis : car de la famille, lorsqu'il en a une, il porte les soucis et les douleurs, sans en connaître les consolations. Ainsi les souffrances du pauvre, matériellement parlant, surpassent de beaucoup celles du religieux.

« Que si maintenant nous considérons la situation respective qui nous est faite dans la société, quelle différence ! Le monde vous plaint, il me flagelle, me foule aux pieds ; il vous estime et vous admire, il me rebute et me méprise ; il vous bénit, il me maudit. Car il ne faut pas s'arrêter à la surface. Si un certain monde vous outrage, vous tourne en dérision, c'est parce que votre grandeur offense ses regards et l'importune. Il s'attaque à vous, de même qu'il s'attaque à Dieu, parce que, trop haut placé, vous pesez sur lui. Il voudrait vous rapetisser, vous faire descendre à son niveau, pour se dispenser de vous honorer, j'allais dire de vous adorer. Et ne pouvant réussir, il cherche à vous faire disparaître. Les injures qu'il vous adresse ne sont que l'expression de son orgueil froissé et de sa rage impuissante.

« Le pauvre, au contraire, trop vil pour mériter autre chose que son mépris, trop bas pour blesser son orgueil, trop abject pour être digne d'entrer en lutte avec lui, passerait inaperçu, ou serait anéanti, comme un chétif insecte qu'on écrase, s'il ne constituait un danger : on s'en occupe parce qu'on le craint.

« Ces éloges outrés, ces déclamations emphatiques, prodigués depuis un siècle surtout par les humanitaires et autres, soi-disant pour relever le pauvre et lui donner le rang qui lui appartient, ne sont là que pour la forme, et ne trompent que les sots ou les gens de bonne volonté. Sous cette grossière enveloppe, dans cette phraséologie sentimentale et creuse, quel mépris! quelle injure pour le pauvre! C'est une croix d'or dont on le charge, un fouet garni de perles, qui s'abat impitoyable sur ses épaules, déjà ensanglantées; c'est un poignard artistement ciselé, qu'une main fine et gantée enfonce dans son cœur.

« Et ces vastes établissements, que les gouvernements font élever à grands frais pour abriter le pauvre et soulager sa misère, ne sont en réalité que des espèces de ménageries pour enfermer des êtres dont ils ont peur. Ces efforts qu'on fait pour adoucir sa position, cet argent qu'on prodigue en sa faveur, ne sont réellement qu'une pâture jetée à un animal pour l'apaiser. Ces éloges orgueilleux, ces discours retentissants dont on l'accable, en se tenant loin de lui, ressemblent aux caresses faites à un tigre qu'on ne peut détruire. Que le pauvre s'approche des maisons de ces superbes philanthropes, qu'il ose mettre le pied sur le seuil de leurs palais pour demander un morceau de pain, que seulement il fasse mine de s'arrêter, de s'asseoir sur le pas de la porte pour prendre un peu de repos, aussitôt le masque tombe, l'homme naturel reparaît et le héros s'évanouit : un domestique insolent, ou même un chien, viendra faire souvenir au malheureux qu'entre le langage et l'action il y a un abîme.

« Au contraire, le même homme qui me repousse, tout en parlant si excellemment du pauvre, vous accueille avec joie, si d'ailleurs il a quelque éducation; il s'estime heureux et honoré de vous recevoir dans sa maison, bien qu'il vous haïsse, parce qu'en agissant ainsi vous le faites participer à votre grandeur, vous l'élevez en quelque sorte à votre hauteur.

« Combien plus sage est l'Église ! Elle reconnaît ouvertement la misérable condition du pauvre. Elle appelle les pauvres les *plus petits* d'entre les fidèles, c'est-à-dire les derniers ; ce sont des membres *souffrants*, c'est-à-dire qui ne sont pas dans l'état normal. Et voyez la justesse et en même temps la profondeur de cette expression : depuis la chute, l'humanité entière est fondée ou rétablie sur la souffrance ; néanmoins les pauvres sont les *membres souffrants* placés au-dessous de tous les *membres souffrants*.

« Mais après avoir constaté ce triste état du pauvre, l'Église, semblable à une tendre mère qui reconnaît la maladie de son enfant, sans s'en dissimuler la gravité ni la nature, l'Église se met à l'œuvre. Essentiellement pratique, elle ne s'arrête pas à de frivoles discours, à de pompeux et vains projets. Joignant à la délicatesse et au respect dus au malheur la charité la plus ardente, elle ouvre les trésors de son cœur pour répandre sur le pauvre tout ce qu'il renferme de dévouement et d'amour. Regardant en face son abjection, elle ne craint pas de la lui remettre sous les yeux, afin qu'il oublie la terre, qui n'a rien à lui offrir, et ne vive qu'en Dieu et pour Dieu, afin qu'il ne place qu'au ciel ses espérances. Ainsi l'Église comme le monde, quoique d'une manière différente dans la théorie et la pratique, reconnaissent la distance immense qui sépare le religieux du pauvre.

« De même qu'il est impossible de vous renverser du trône où vous régnez, de même il est impossible d'élever le pauvre à une pareille hauteur. Pour le mettre au niveau de ses frères, il faudrait lui donner ce qui procure un rang dans la société, c'est-à-dire l'éducation, la richesse et l'honneur, et lui enlever son abjection. Pareillement, pour rabaisser le religieux, il faut lui ravir son caractère, c'est-à-dire ses trois vœux; pour rabaisser un chrétien, un juste, il faut lui ôter sa vertu, sa sainteté, il faut le faire *tomber;* pour relever un pécheur, il faut lui enlever ses souillures et lui donner la sainteté. En d'autres termes, de pauvre matériel ou spirituel il faut devenir riche matériel ou spirituel ; il faut cela et non des phrases : Dieu lui-même ne peut faire autrement.

« Les outrages qu'on fait au religieux sont comme des nuages amoncelés devant le soleil qui le rendent moins visible et moins éclatant, mais ne peuvent en rien l'atteindre; tandis que les louanges qu'on prodigue au pauvre sont comme une lumière projetée sur un moribond : elle rend son visage plus hideux. La société est un cercle divisé en une infinité de rayons; le religieux est au premier degré, le pauvre au dernier. Ils se rapprochent en s'éloignant, c'est comme cela qu'ils se touchent. Parce que le pauvre et le religieux sont chacun à une extrémité du cercle social, bien des esprits, même des plus positifs, ne voient qu'une différence d'appréciation, tandis qu'il y a un abîme !

« Nous ne nous ressemblons pas; et le monde, sans connaître le pourquoi de la chose, ne s'y méprend aucunement, malgré des apparences contraires. Obéissant en aveugle à l'infaillible instinct dont il est doué, il nous traite dans la pratique et nous estime d'après ce que nous sommes réellement, et il a parfaitement raison. Ce fait étant universel, est par là même la manifestation d'une vérité de premier ordre qui, pour être exposée convenablement, exigerait des explications assez considérables sur plusieurs questions importantes, telles que l'expiation, le sacrifice, le sang, la faute originelle, etc. Je me bornerai à vous suggérer quelques idées, qui vous aideront à faire saisir la raison fondamentale de cette différence. Vos propres réflexions supléeront à ce que le temps et le manque de préparation ne me permettent pas de dire moi-même.

— Vous pourriez même, sans inconvénient, vous arrêter ici, répondit le religieux, car vos explications si claires et si précises, ont jeté sur ce point la plus vive lumière. Je préfère même ne pas vous voir vous engager dans ces hautes questions métaphysiques. En agrandissant l'horizon, les objets se confondent facilement; et le même point, parfaitement net et évident, lorsqu'il était vu seul, perdu tout à coup dans l'immensité de l'espace, n'est plus saisi qu'avec peine. Cependant, continuez ; je suis vos explications avec le plus vif intérêt.

— Pour compléter ce que j'ai dit, reprit le mendiant, je me crois obligé d'appeler votre attention sur un des côtés de cette vaste question qui me paraît trop important pour être passé sous silence.

« Votre pauvreté donc est fondée sur un libre sacrifice ; celle du pauvre sur la nécessité. Sacrifier un être, c'est le consacrer à un usage exclusivement saint. Le sacrifice est une consécration. Pour l'homme, c'est le passage, le transfert de l'ordre naturel dans l'ordre surnaturel, de telle sorte que tout en lui est immédiatement surnaturel. Il faut donc qu'il meure naturellement, et c'est l'objet des trois vœux. Sous ce point de vue, le sacrifice est une mort, une mort naturelle, pour rendre la vie surnaturelle parfaite et sans mélange, afin de lui donner toute sa plénitude.

« Ainsi vous avez quitté la société, la famille, renoncé à vous-même, parce que, sans cela, vous ne pourriez vous tenir à la prodigieuse hauteur où vous êtes, de même que l'oiseau, pour s'élancer et voler dans l'espace, doit quitter le sol.

« Le pauvre, lui aussi, n'a ni position sociale ni famille, et son esprit isolé, ne pouvant s'exercer sur rien, se consume misérablement et sans fruit, comme une lampe dans un sépulcre. Mais s'il n'a rien et n'est rien, c'est parce qu'il ne peut atteindre ces mêmes biens que, dans sa sublime ascension, le religieux perd de vue. Ces choses n'existent pas pour lui, parce qu'il est si bas, que la société ne peut faire parvenir jusqu'à lui aucun rayon de lumière et de chaleur : pareil à ces insectes qui, bien qu'ayant des ailes, passent leur vie enfouis dans la terre, à des profondeurs que le soleil ne peut éclairer, et n'ayant en quelque sorte pour respirer que les immondices de l'air.

« Et si vous voulez une comparaison d'une énergie plus saisissante encore, le religieux est une âme qui quitte la société, le monde, où son rôle terrestre, pour monter au ciel et jouir de l'immortalité. Le pauvre est un corps qui abandonne la société, perd sa vie naturelle pour descendre dans la terre et devenir la proie des vers. Le premier, transformé par la grâce et la gloire, devient un ange social ; le second, transformé par la misère et la honte, devient un cadavre social.

« Or, de même qu'un cadavre, sous peine d'exciter le dégoût et l'horreur, doit rester dans la terre et ne manifester sa présence que par la croix, posée sur la tombe où il est, ainsi le pauvre doit vivre relégué, concentré dans sa triste position. Abdiquant son titre, son caractère d'homme, il faut qu'il ne se montre dans l'humanité que sous les livrées de Jésus-Christ ; c'est-à-dire, la société doit voir en lui, non l'homme, la personne, le citoyen, mais la croix, ou la main de Dieu étendue sur lui, pour des fautes commises par d'autres souvent, et dont sur cette terre il porte la plus lourde part.

« Voilà pourquoi quiconque n'est pas saint, ou divinisé par la foi et l'amour divin, s'éloigne instinctivement avec horreur du pauvre et du cadavre, parce que ces objets repoussants ne peuvent être vus que par Dieu et par ceux qui lui ressemblent : l'infection *naturelle* qui s'échappe de ces *morts* ne peut être chassée que par un baume *surnaturel*. Vous-même, mon Révérend Père, ne pouvez approcher du pauvre, le toucher, *l'aimer*, pesez bien ce mot, qu'autant que votre nature sera morte, que l'homme naturel sera anéanti pour laisser régner Dieu tout entier. Autrement sa présence vous révoltera plus ou moins, selon le degré de divinité qui est en vous et que vous voyez en lui; répulsion qui se trahira toujours de quelque manière, que Dieu seul peut détruire, et détruit nécessairement à mesure qu'il règne dans une âme. Et, pour le dire en passant, l'amour qu'on ressent pour le pauvre, l'intérêt qu'on lui porte *réellement et pratiquement*, est la marque, le thermomètre infaillible et précis de l'amour, de l'intérêt qu'on a pour Dieu.

« Le philanthrope aussi s'approche, ou du moins s'occupe du pauvre, mais par motif d'orgueil ou de science, sans cesser de le mépriser. Le pauvre est pour lui ce qu'est un cadavre pour l'anatomiste, une matière d'étude, un élément de curiosité, qu'on a hâte de faire disparaître, dès que la dissection est terminée et la curiosité satisfaite. Le dédain et l'horreur sont tout aussi grands, tout aussi profonds, bien que l'habitude, dans l'un et l'autre cas, en annule jusqu'à un certain point les marques extérieures.

« Voilà pourquoi aussi l'Église, conservant l'anathème qui pèse sur le *corps* et sur le *pauvre*, et les laissant dans la position infime qui leur revient, les divinise l'un et l'autre, le premier par la croix mise sur la tombe, le second par le caractère d'expiateur, dont elle le revêt, et la divine auréole qui en résulte pour lui. Le monde, au contraire, par une apparente contradiction, renverse la croix et proclame les droits du corps et la réhabilitation de la chair, et il fait brûler les cadavres, les corps, quand il le peut, comme des objets affreux, insupportables, dont le souvenir même doit être anéanti. Il détruit dans le pauvre le caractère divin qui s'y trouve, et proclame sur tous les tons les droits et la réhabilitation du pauvre; puis il repousse le pauvre et prend toutes sortes de mesures barbares contre lui ; il cherche à l'abrutir pour qu'il ne réclame point ces mêmes droits, et le massacre impitoyablement, quand, d'aventure, il s'avise de les réclamer.

« L'Église et le monde sont logiques dans leur conduite; et le pauvre, en se soumettant à l'une, en la bénissant, lorsque, non encore abruti, il peut apprécier le vrai dévouement, et en se révoltant contre l'autre, qui en apparence le caresse, en réservant pour celui-ci sa haine et ses fureurs, est également logique : les mêmes causes produisent les mêmes effets.

« Il ne suffit donc pas, ce n'est rien de donner au pauvre des discours, des plaisirs et même de l'or; il faut lui faire *aimer* sa pauvreté et la lui faire *accepter*. Tous les hommes, par le seul fait de leur naissance, ont un droit égal aux biens de ce monde, c'est-à-dire à la possession de la terre et de ses fruits; ce droit est inaliénable et imprescriptible. Il faut donc, pour que la richesse soit légitime et n'excite pas de haines et d'impétueuses convoitises, que le pauvre renonce à son droit, qu'il consente à être pauvre de ces biens, qui appartiennent à tous les hommes, et dont il n'a pas eu de part à son entrée dans la vie; il faut qu'il se *résigne*, mot profond qui signifie : « renoncer à son droit, *retro-signare, resignare; retirer ses titres, effacer sa signature.* » C'est là ce que fait l'Église. Elle fait aimer et accepter au pauvre sa pauvreté, en le détachant de la terre, qui ne lui offre rien, pour porter ses regards, son esprit et son cœur, toutes ses pensées et toutes ses espérances au ciel. D'autre part, en défendant aux riches de s'attacher à leurs biens, et leur faisant un devoir rigoureux de l'aumône, elle proscrit la propriété individuelle, exclusive et égoïste; les riches ne sont plus que des dispensateurs.

« Comprenez-vous maintenant ce que c'est que le pauvre, pourquoi le pauvre fuit instinctivement tout le monde, excepté les *saints;* et pourquoi les *saints,* c'est-à-dire ceux qui ne vivent que pour Dieu, et ceux-là seulement, sont capables de comprendre, d'aimer le pauvre et d'exercer sur lui quelque influence.

En effet, pour aimer quelqu'un il faut être son égal, l'égalité est le fondement essentiel de l'amour : « *Amicitia aut pares accipit, aut facit* », a dit Sénèque, si je ne me trompe ; vérité capitale, dont le philosophe païen voyait la justesse par le fait, et dont on ne comprendra jamais toute la profondeur et l'étendue. Pour que cette égalité ait lieu, il faut que les êtres soient faits l'un pour l'autre, qu'ils le sachent, le comprennent et y consentent. Cela fait, ils s'unissent, ils deviennent un et ils s'aiment.

Ainsi Dieu a créé le monde pour l'aimer et en être aimé, par conséquent il lui a donné la capacité et la connaissance nécessaires. Que fait-il ensuite ? il s'unit au monde par son Fils unique, son Verbe, et le monde se donne tout entier, sans réserve à Dieu, par l'homme, son Verbe, expression et union des deux natures spirituelle et corporelle. Par suite de cette union, Dieu et le monde se possédant mutuellement, jouissant de la vie l'un de l'autre, Dieu et le monde sont égaux et frères en Jésus-Christ, sans confusion, ni lésion hiérarchique ; ils sont amis, ils s'aiment. Ainsi dans la société, le souverain et le sujet, le supérieur et l'inférieur ne s'aimeront qu'autant que tout ce qui est à l'un appartiendra et sera communiqué à l'autre.

« Et en ce sens la trop fameuse devise : *Liberté, égalité, fraternité, ou la mort*, est rigoureusement vraie. Pour que la fraternité existe, il faut l'égalité, et celle-ci ne peut avoir lieu sans la liberté, ou sans l'absence d'obstacles. Et si deux êtres ne s'aiment pas, ils sont étrangers, séparés, ou morts l'un pour l'autre. Si l'on s'obstine à les faire vivre ensemble, ils se choquent et se brisent, ou bien le plus faible devient esclave du plus fort.

« Telle est la loi éternelle et immuable, qui ne souffre point d'exception. Ainsi, pour aimer le pauvre, il faut, non pas que vous vous rabaissiez jusqu'à lui, ou que vous changiez sa condition, mais que vous voyiez partout et toujours Dieu en lui. Or, pour voir Dieu en autrui, ou traiter divinement son prochain, il faut soi-même être saint. Par la même raison, le pauvre ne peut aimer les autres hommes qu'autant qu'il voit Dieu en eux, et suivant la mesure dans laquelle il le voit. Pour voir Dieu, même dans ceux qui l'assistent, par conséquent les aimer, les bénir, il faut que lui-même soit vertueux. On s'étonne souvent que le pauvre soit ingrat pour ceux qui lui font du bien; rien de si naturel, cependant : cela prouve que le pauvre n'a point de religion et que la société n'en a guère. Cette aumône, ce bienfait qu'il reçoit, au lieu d'être une marque d'affection, quelque chose résultant de l'égalité, de l'union formée et comprise de part et d'autre, n'est plus pour lui qu'une preuve de sa dégradation, de sa misère, de l'abîme qui existe entre lui et les autres hommes plus favorisés. Matériellement ce bienfait le soulage, sans doute, mais il l'écrase moralement, et c'est un poids lourd à porter.

« Vous voyez, mon Révérend Père, quelle logique effrayante inspire et mène les hommes, presque sans qu'ils s'en doutent et malgré eux. Ces dernières réflexions, généralisées et formulées en maximes, sont applicables à tous les êtres et dans toutes les situations..... Oh! le pauvre et le religieux, entre lesquels se déroule et vit la société, dont ils sont comme les deux pôles, quel sujet de méditation! Et si ces choses étaient bien connues et surtout mises en pratique, quelle transformation!

« Je n'affirme rien de trop, continua le mendiant, je suis encore au-dessous de la vérité, malgré l'énergie qu'il peut y avoir dans mes paroles. Toutefois n'oubliez pas, ajouta-t-il, comme pour prévenir une objection, que je compare les états, non les personnes. Le plus vil mendiant peut être un grand saint et plus élevé auprès de Dieu que bien des religieux, même très-bons, de même que dans une armée un simple soldat peut être, personnellement, infiniment plus estimé et plus aimé du général que le premier officier d'état-major. Par sa condition, celui-ci est nécessairement très-près du général et continuellement à ses côtés, tandis qu'il peut être personnellement moins bien placé dans son estime et son affection, et même en être haï et méprisé cordialement ; de même aussi le simple soldat, par sa condition, se trouve à une grande distance du général qui, en cette qualité, ne le voit et ne lui parle jamais directement, tandis qu'il peut être très-près dans son estime personnellement, et ne jamais sortir de son cœur.

« La conclusion pratique qui vous concerne et dont votre bonté ne s'offensera pas, c'est que le moine, qui est le religieux par excellence, doit, comme l'oiseau, passer sa vie dans les plages célestes ; il ne peut être l'ange gardien de la société qu'à condition d'être invisible. S'il se montre sur ces théâtres bruyants, mais souvent fangeux, où se débattent le bien et le mal, la vérité et l'erreur, confondus avec une foule de bagatelles et d'intérêts mesquins, dont l'orgueil et l'argent sont ordinairement le mobile, il se rabaisse. Il doit prier et se mortifier, afin d'attirer sur les âmes les grâces dont elles ont besoin. Il doit combattre les anges de ténèbres, dont les athées, les révolutionnaires, poëtes, orateurs, écrivains, gens de robe ou d'épée, ne sont que de vils et aveugles instruments. Il doit vivre dans le monde, sans jamais descendre à son niveau, sur la terre, sans jamais s'y arrêter ou s'y poser ; autrement il salit ses ailes, et ternit ou perd entièrement sa divine auréole.

« Et quand le prêtre, le religieux est infidèle à sa

vocation, il tombe au-dessous du mendiant. Et le mendiant à son tour, à la vue de cette dégradation, s'éloigne de lui avec mépris et dégoût. Le pauvre a la dernière place dans l'humanité, mais enfin il en a une; le prêtre, le religieux infidèle n'en a plus! Ces vœux qui le séparaient complétement, officiellement et juridiquement de la société, et l'unissaient à Dieu, changés maintenant en une chaîne de fer tout aussi indissoluble, le suspendent au-dessus d'un abîme sans fond, sans limite. Il ne fait plus partie du ciel, et n'y vit plus, bien qu'y restant attaché et rivé pour son malheur. Il ne peut plus appartenir à la terre, à la société, au monde avec lequel il a brisé pour toujours..... C'est pourquoi les dernières places de l'enfer, celles qui sont après toutes les autres, sont réservées de droit aux mauvais prêtres et aux mauvais religieux : il ne peut en être autrement!....

« Mais, grand Dieu! pourquoi m'étendre sur des choses si tristes, si terribles! Ne vaut-il pas mieux garder pour moi seul les sombres pensées qu'une imagination en deuil ne cesse de me fournir! »

A ces mots le mendiant s'arrêta, non qu'il eût épuisé la matière, à laquelle il avait donné d'immenses proportions, mais fatigué, ou plutôt oppressé par ses émotions et de fâcheux souvenirs. Quoique son visage conservât à peu près la même impassibilité sévère, il ne laissait pas que d'être visiblement affecté: sa voix brève et saccadée, son ton tranchant, parfois affectueux, quelques larmes s'échappant le long de ses joues amaigries, trahissaient assez ce qui se passait dans son cœur.

III.

Le religieux gardait le silence ; il semblait écouter avec la même attention, comme si un autre personnage eût continué la conversation au point où le mendiant l'avait subitement interrompue.

Ce silence dura un assez long espace de temps. Le religieux en avait besoin pour recueillir et mettre en ordre ce qu'il venait d'entendre. Il est des aperçus tellement vastes, des idées si grandes, des vérités si profondes, que l'esprit, en les recevant, en est d'abord comme étourdi et embarrassé. Pour les bien saisir, les bien comprendre, et aussi pour ne pas être écrasé sous le poids ou submergé dans l'immensité, il faut que l'esprit les prenne une à une, les classe, les digère en quelque sorte. Si l'intelligence ne s'agrandit, ne s'élargit graduellement et sans effort pour les recevoir, elle est exposée à se fausser, à se briser, ou tout au moins à ne retirer qu'un médiocre profit.

Ainsi le voyageur, parvenu au sommet d'un mont très-élevé, est d'abord ébloui et pris de vertige à la vue de la hauteur où il se trouve, et de l'immense paysage qu'il découvre. Peu à peu ses yeux s'habituent, ses pieds s'affermissent, et il finit par embrasser sans trouble et sans frayeur l'étendue du panorama qui s'offre à ses regards; il en mesure facilement les vastes contours, en sonde la profondeur et distingue parfaitement tous les objets qu'il renferme.

Le mendiant contemplait silencieusement le religieux, comme un acteur qui, pour continuer son rôle, attend que les émotions qu'il vient d'exciter se soient bien imprimées dans l'âme de ses auditeurs, qu'elles aient produit tout leur effet. Il semblait assister à la transformation que ses idées opéraient dans l'esprit de son compagnon, et suivre en habile physiologiste les diverses phases du travail intellectuel auquel il se livrait.

Non qu'il prît plaisir à une conversation pour laquelle il s'était fait tant prier; un observateur calme et attentif aurait pu remarquer que certaines expressions s'échappaient de son cœur comme des charbons ardents et lui brûlaient la bouche au passage. Mais d'une nature passionnée et très-expansive, que le malheur avait enveloppée comme un épais et froid linceul, et non détruite, rencontrant si soudainement un peu d'amour, lui, dont la honte et les outrages de toutes sortes formaient depuis si longtemps le triste apanage, il s'était laissé gagner. Puis son caractère, semblable à un ressort qui se détend, avait momentanément repris le dessus. La glace s'était un peu rompue, le voile s'était un peu soulevé, et cette âme si grande, si riche, si élevée, mais si profondément malheureuse, avait fini par montrer quelque chose des trésors qu'elle contenait.

Sentant qu'il s'était trop avancé pour s'arrêter et briser, le mendiant reprit lui-même l'entretien :

« Vous ne répondez pas, dit-il au religieux ; je comprends votre étonnement. Ce sont là des choses que le monde ignore, dont il ne se doute même pas, bien qu'il agisse comme s'il les possédait parfaitement.

« Vous-même, mon Révérend Père, n'en aviez qu'une faible connaissance, j'en suis sûr. Habitué à contempler Dieu et surtout à l'aimer, heureux de cette contemplation et de cet amour et ne demandant rien davantage, isolé du monde et ne prenant pas une part active à ces luttes terribles qui se livrent et se passent dans les sphères élevées de l'intelligence, vous ne sentez pas le besoin de chercher les raisons fondamentales et absolues des choses. Satisfait de vos propres richesses, vous ne prenez pas garde à la pauvreté des autres, au vide, au malaise qu'ils éprouvent. Et cependant le monde ne sera tranquille et l'erreur vaincue que quand ces hautes questions auront été tranchées et résolues, et elles ne peuvent l'être que dans le cloître. Si la lumière doit briller un jour, elle ne peut venir que de là. Il n'y a guère que le religieux contemplatif qui soit à la distance voulue pour juger de l'ensemble et découvrir l'ordre admirable qui règne dans l'univers. Les autres hommes, même les plus éminents, sont perdus dans les détails. Ils sont trop distraits par les exigences de la vie active, et trop bas, trop près de la terre et du monde, pour voir bien haut et bien loin. Appliquez-vous donc à ces recherches qui sont loin d'être inutiles ou infructueuses ; appliquez-vous à approfondir ces grands problèmes dont la solution importe tant à la gloire de Dieu et au salut des âmes, c'est-à-dire au triomphe et à la prospérité de l'Église.

— Ce que vous dites est vrai, répondit le religieux. Plus l'état dans lequel se trouve un individu est sublime, plus aussi seront grands et relevés ses idées et ses sentiments. L'élévation où il est influera nécessairement sur son esprit, et les productions de son intelligence auront un cachet de grandeur qui en doublera le prix... Mais vous, mon cher ami, ajouta-t-il affectueusement, vous dont l'intelligence est si élevée, le jugement si droit et si sûr, l'esprit si profond et si pénétrant, pourquoi préférer cette malheureuse condition, qui vous fait périr quant à l'âme et quant au corps, à une autre qui, sans vous produire, vous permettrait cependant d'employer au service de Dieu et de son Église les rares talents qu'il vous a donnés ?

— Quand la honte est versée il faut la boire, répondit laconiquement le mendiant. »

Puis, pour prévenir l'impression que cette sombre réponse était de nature à produire sur l'âme du religieux, il se hâta d'ajouter :

« Je suis mendiant, parce que je ne puis plus être autre chose... Tout homme a une place marquée par Dieu dans le corps de Jésus-Christ; il n'en a et ne peut en avoir qu'une. Dans ce drame immense, qui a l'univers entier pour théâtre, le temps pour durée, Dieu et le monde comme acteurs et comme personnages, chaque être a son rang et sa mission spéciale, déterminés et choisis suivant sa nature et ses aptitudes ; lequel drame se subdivise en drames secondaires innombrables, qui sont comme les divers actes du premier, et dans lesquels on trouve toujours Dieu et le monde, celui-ci non plus considéré dans son ensemble, mais seulement dans telle ou telle partie, telle ou telle société, tel ou tel individu.

« Le prélude, la mise en scène commença dans l'Éden; mais l'homme par son crime changea cette magnifique épopée, dont le début était si ravissant, en une épouvantable tragédie. Le poëme s'ouvrit par un chant de triomphe et d'amour, et ses derniers accents sont des cris de douleur, de désespoir et de mort!

« Que doit faire l'homme ici-bas ? Chaque homme est une pierre pour cet édifice, un membre pour ce corps de Jésus-Christ dont parle saint Paul. La nature humaine que le Verbe de Dieu prit dans le sein virginal de Marie est l'expression, le représentant de l'humanité entière. C'est pourquoi Jésus-Christ est médiateur entre Dieu et le monde, et, comme tel, les représente exactement tous deux. En tant que Fils de Dieu il représente Dieu ; en tant qu'homme, il représente le monde entier, dont la nature humaine est le verbe et l'expression. Je n'ai pas besoin de m'étendre sur ces vérités qui vous sont familières.

« L'humanité doit donc former ce qu'on appelle le *corps mystique* de Jésus-Christ, dont son corps particulier est le verbe. Il suit de là, pour qu'il y ait ordre et régularité, que chaque individu a une place et ne peut en avoir qu'une dans ce drame, à la fois surnaturel et naturel ; tout homme est un acteur devant jouer *tel rôle*, sous la conduite du *maître*, et suivant le programme tracé par lui. Dans ce concert universel, c'est un musicien exécutant *telle partie*, sous la mesure du chef d'orchestre. Dans cette milice céleste, c'est un guerrier réalisant de *telle manière* le plan de campagne, et combattant à *tel poste*, sous les ordres du général. Il importe beaucoup à une âme de connaître la place qu'elle doit occuper rapidement et avec une extrême précision.

Tout homme n'ayant l'être et la vie que pour faire partie de ce corps, l'accroître, le perfectionner, il est évident qu'il doit accepter la place que Dieu lui donne, et pour laquelle il est fait. Son refus, tant qu'il persévère, constitue un vide, un défaut : il y a dans l'armée un poste qui n'est pas rempli, dans la pièce un rôle qui n'est pas joué, dans l'harmonie une note, une partie qui n'est pas exécutée. D'autre part, celui qui n'est pas à sa place cause du désordre partout où il se trouve, et devient pour tous une source de malaise et d'ennui.

« Si donc tous les hommes doivent croître ensemble pour ne faire qu'un seul corps par le Christ, qui se forme et s'édifie par la charité ; si ces membres reçoivent de leur chef l'esprit, la vie et l'accroissement, par le moyen des jointures et des communications qui les relient et les unissent, et suivant la mesure qui convient à chacun d'eux ; » — si, dis-je, ces paroles de saint Paul sont vraies, il s'ensuit que tout homme qui, pour n'importe quelle raison, perd sa place, tombe aussitôt dans un état de maladie, de langueur, de souffrance, proportionné à sa chute et à l'*écart* qui en résulte.

« L'acte *inique*, injuste qu'il commet, en le faisant *dévier*, le soustrait d'autant à l'écoulement en lui de l'esprit et de la vie, partant il cesse de *croître et dépérit,* jusqu'à ce qu'il *meure*, s'il ne revient à sa place.

« Il ne peut en être autrement. Tout désordre étant un mal, et tout mal causant une souffrance, celui qui produit le désordre ou commet une faute, d'où naît le désordre, celui-là se blesse, se meurtrit. Voilà pourquoi l'Écriture rend souvent *faire le mal* par cette expression qui en marque l'effet immédiat et instantané : *parturiit injustitiam, concepit dolorem*... commettre le péché et enfanter la douleur, c'est pratiquement la même chose. Remarquez que tout le but des efforts de Dieu sur un pécheur, c'est-à-dire un homme *déclassé, dévié,* ou qui *dévie,* est de le faire rentrer à sa place ou de l'y maintenir, par les avertissements, le remords, le châtiment, parce que celui-ci ne peut recevoir la vie, les grâces qui lui sont destinées qu'à sa place ; il n'est pas fait pour agir ailleurs : c'est en cela que consiste la conversion.

« J'ai dit que l'homme était fait pour Dieu, et que par conséquent toutes ses qualités, ses facultés, ses aptitudes spirituelles et corporelles étant ordonnées pour ce but, il ne peut être heureux, jouir de la paix et du bonheur qu'autant qu'il connaît et aime Dieu, ou se donne à lui, se met à sa disposition, suivant l'état qui lui est propre. Car pour posséder Dieu, il faut l'avoir comme il veut se donner à nous, c'est-à-dire être à sa place ou dans l'ordre : *Fecisti nos ad te, Domine,* a dit excellemment saint Augustin, résumant dans cette belle pensée bien des pages de la sainte Écriture, *et inquietum est cor nostrum donec requiescat in te.* Mais, dit ailleurs ce même Père avec non moins de justesse, ce repos, la paix réelle ne peut exister que si nous sommes à notre place, ou dans l'ordre, par rapport à Dieu : *Pax, tranquillitas ordinis.* De là, cette grande maxime des saints, qu'*il est extrêmment difficile de se sauver lorsqu'on n'est pas dans sa vocation.*

« La condition essentielle d'atteindre et de posséder ce bien suprême, que l'âme connaît et aime nécessairement, et qu'elle poursuit de toutes ses forces, c'est d'être à sa place. Quand un homme n'est plus à sa place, ou dans sa vocation, il ne jouit plus de Dieu et ne le possède plus comme il devrait le posséder. Dès lors il souffre, parce qu'il manque d'un bien qui lui est indispensable et pour lequel il est fait. Privé de Dieu, par suite de cet *écart*, de cette *déviation*, volontaire ou involontaire, et le tourment qu'il éprouve, en raison directe de cette déviation et croissant avec elle, devenant insupportable, lui ravissant tout repos, il cherche à combler le vide de Dieu en se tournant vers les créatures.

« Selon les passions qui le domineront, il poursuivra les louanges, les honneurs, les plaisirs, les richesses; il les absorbera, les engloutira sans jamais pouvoir se rassasier. Et si cet homme a de grandes passions, ce qui est toujours l'indice d'une grande âme, et si d'ailleurs il ne rencontre point d'obstacles suffisants pour l'arrêter, il marchera résolument dans la voie du mal et se portera aux derniers excès.

« Lorsqu'il aura épuisé toutes les jouissances que le fini procure ; qu'il en comprendra, en sentira la vanité, si, par un bond vigoureux et décisif, il ne se remet à sa place, il tombe dans le désenchantement et le découragement, lesquels le mènent rapidement au désespoir. C'est l'état d'une âme qui, dégoûtée des créatures, complétement désillusionnée, et cependant ne voulant pas de Dieu, ou n'osant plus aller à lui, n'attend plus rien, ni d'un côté, ni de l'autre, accepte froidement son malheur comme une conséquence logiquement tirée des prémisses, et refuse tout ce qu'on pourrait lui offrir pour y remédier. La foi s'éteint et disparaît, ne laissant que la simple connaissance de Dieu; c'est-à-dire la raison connaît toujours Dieu et ce qu'il a révélé, mais elle n'est pas soumise à Dieu et le repousse. De même la charité s'évanouit, ne laissant que la simple volonté de Dieu; c'est-à-dire le cœur veut toujours Dieu, mais il n'est plus soumis à Dieu et cherche à s'en débarrasser.

« Si le désespoir ne se termine pas par le suicide, de deux choses l'une: ou bien l'âme, tout en s'obstinant et s'opiniâtrant dans son triste état, l'accepte sans murmurer, se courbe docilement sous cette dure nécessité; et, concentrant en elle-même ses souffrances et son tourment, elle finit par devenir insensible et indifférente à tout, au plaisir comme à la douleur, au bien comme au mal. C'est une harpe dont les cordes, desséchées et durcies, ne vibrent plus sous les doigts du musicien, ou ne rendent qu'avec peine un son faible et rauque.

« Quand, au lieu d'accepter la position qui lui est faite, l'âme se révolte; lorsqu'elle se raidit contre son malheur, tout en refusant et repoussant Dieu; alors, donnant l'essor à toutes ses facultés, lâchant la bride à ses passions, pour reconquérir ses avantages perdus ou d'équivalents : d'un autre côté, ne pouvant rompre la chaîne qui la retient dans l'abîme, le joug qui comprime son élan et l'accable, repoussée à son tour et méprisée, alors, dis-je, cette âme devient la proie de cette affreuse passion qu'on appelle la HAINE!

« Et savez-vous ce que c'est que la haine, mon Révérend Père? — Non, car l'homme pur et vertueux ne peut arrêter sa pensée sur une aussi abominable chose, ni en supporter la vue. Pour vous l'apprendre, il me faut entrer dans quelques détails et préciser certains points.

« Je vous ai dit qu'il n'y avait point d'amour sans fraternité, et nous avons vu également comment la fraternité résulte de l'égalité et de la liberté. Je vous ai dit aussi que l'âme connaissait nécessairement le vrai et le bien, qu'elle le voulait et l'aimait nécessairement, qu'elle le poursuivait fatalement de toutes ses forces. Enfin j'ai dit que l'objet de ce bien était Dieu, et par conséquent l'homme ne pouvait être heureux, satisfait, en repos qu'en Dieu, par la foi, l'espérance et la charité. Or la haine est le terme où conduit l'absence de toutes ces choses, et vous allez voir comment.

« Considérée négativement, la liberté c'est l'absence d'obstacles entre deux êtres faits l'un pour l'autre, de telle sorte que rien ne s'oppose à leur union; considérée positivement, c'est la puissance qu'ont ces deux êtres pour s'unir. Or l'homme qui hait, ou le pécheur arrivé à ce degré, n'a plus de liberté.

« D'abord, entre Dieu et lui, il y a un obstacle formidable, le péché, qui fait qu'ils se repoussent mutuellement tous deux. Ensuite la puissance est enchaînée des deux côtés; du côté de Dieu, par le péché, la souillure, qui rendent l'union impossible, et partant l'empêche d'agir sur le pécheur; du côté du pécheur, par l'orgueil, la honte, l'effroi, etc., qui, empêchant sa réconciliation, comprime et retient sa puissance d'action sur Dieu.

« La liberté étant détruite, il n'y a point d'égalité, puisque Dieu, ne possédant pas le pécheur, le pécheur ne possédant pas Dieu, il y a entre eux toute la distance qui se trouve entre le fini et l'infini. Dès lors point de fraternité, ni d'amour : la conséquence, c'est la mort.

« L'homme, perdant la vie divine, ou cessant d'être homme divinisé, reste simplement homme *ou moitié* de ce qu'il doit être, dans le plan universel; il devient un *cadavre humain*, passez-moi l'expression, de même que le corps, privé de l'âme, de l'esprit, devient un *cadavre animal*. Tel est le premier résultat du péché, et telle est la première cause de la haine : la mort de l'homme comme *être*, comme *homme divinisé;* la seconde cause, c'est le désespoir, produit par cette mort.

« L'homme pécheur qui, par honte, crainte ou orgueil, ne veut point sortir de cet état, c'est-à-dire qui veut rester *mort* ou *cadavre*, connaissant et voulant nécessairement le bien, dont son âme, tout son être a un impérieux besoin, qu'il poursuit de toutes ses forces, se demande et cherche quel est l'objet assez grand, assez parfait, assez infini, pour être ce *bien* et *satisfaire* son âme.

« Deux objets s'offrent à lui : Dieu et le monde. Dieu, il n'en veut pas. Le monde, il ne suffit pas pour satisfaire un pareil besoin ; bien au contraire, au lieu de l'apaiser, même un peu, il l'excite davantage, le centuple. A mesure qu'un pécheur saisit, goûte un objet, n'y trouvant pas ce qu'il y cherche, c'est-à-dire l'infini, il le repousse ; le monde est donc diminué d'autant pour lui. Et quand enfin il a tout pris, tout goûté, le monde n'ayant plus *rien* à lui offrir, le monde n'existe réellement plus pour lui. Et comme son besoin persiste, d'autant plus insatiable qu'il n'a plus d'aliments à lui donner, le pécheur tombe dans le désespoir.

« D'autre part, à mesure qu'on se livre au monde, on s'éloigne de Dieu, et par suite le *vide* s'agrandit, jusqu'à ce qu'il devienne total et absolu, ce qui arrivera dans l'enfer. Enfin cet abus, cette jouissance illicite et immodérée du monde fatigue, brise l'âme, qui ne peut jouir et user du monde que d'une certaine manière et dans une certaine mesure, suivant l'ordre et la place marqués par Dieu. Si elle dépasse cette limite, elle se force, va contre sa nature, souffre et tombe enfin inerte, épuisée, n'en pouvant plus. Elle perd ses forces, sa souplesse, sa sensibilité ; en un mot elle devient une ruine.

« Donc, d'une part, la connaissance, l'amour, la poursuite du bien demeurant dans l'âme plus forts, plus vivaces que jamais; d'autre part, l'objet de ce bien n'existant plus pour cette âme *pratiquement*, puisqu'elle ne *veut* pas de Dieu, et que le monde ne peut pas le remplacer; cette âme n'attendant, n'espérant plus rien, se trouve possédée d'un besoin, d'un désir, tout à la fois insatiables et irréalisables. Et alors ce que cette âme souffre est inexprimable, lors même qu'extérieurement il en paraîtrait peu de choses.

« Elle poursuit de toutes ses forces un bien qu'elle *sait* ne devoir *jamais* atteindre. C'est le supplice de Tantale, *toujours* près de boire cette eau, de cueillir ces fruits qui le *fuient toujours* :

Tibi, Tantale, nullæ
Deprehenduntur aquæ, quæque imminet *effugit* arbor.

« Cet amour qui sans cesse poursuit le bien, avec toute l'énergie d'un insatiable besoin et la rage d'une perpétuelle déception, puis sans cesse retombe sur le cœur inassouvi, désenchanté, c'est le tourment de Sysiphe, qui *toujours* remonte sa pierre, qui *toujours* retombe.

Aut petis, aut urges *rulturum*, Sysiphe, saxum.

« Cette âme qui, toujours fixée à Dieu pour son

éternel malheur, tourne et se retourne *sans cesse* dans ce cercle fatal, sans *jamais* arriver à jouir de la possession de Dieu, dont elle ne veut pas, et que Dieu repousse tout en la tenant enchaînée, c'est Ixion attaché à la roue qui tourne *sans cesse :*

Volvitur Ixion, et se sequiturque fugitque,......
Perpetuas patitur pœnas.

« Ces désirs qui rongent le cœur sans jamais le détruire, c'est l'impitoyable vautour, *toujours* dévorant sa proie, qui *toujours* renaît avec de nouvelles et plus affreuses tortures :

Rostroque immanis vultur obunco
Immortale jecur tondens......
... *Nec fibris requies datur ulla renatis.*

« Cette ardeur qui brûle *toujours* sans *jamais* anéantir ; cette fièvre brûlante qui consume *sans cesse* et que *rien* ne peut calmer ; cette soif qui dessèche ; ce besoin qui *toujours* dévore et déchire l'esprit et le corps, sans pouvoir *jamais* les détruire, c'est ce feu vengeur et *inextinguible*, ce délire du mauvais riche, ces pleurs et ces grincements de dents, ce ver *indestructible* dont *rien*, rien *absolument* n'arrêtera *jamais* l'épouvantable activité. Toujours, oui toujours le pécheur connaîtra le vrai et le bien ; mais cette connaissance, *toujours* stérile, ne fera qu'irriter ses désirs : toujours il voudra et aimera le bien, mais *toujours* consumé, dévoré par un amour *toujours* déçu, il grincera des dents et séchera de frayeur. Car le désir du pécheur, immortel et infini, sera éternellement privé de l'objet infini et immortel, qui seul peut l'apaiser : *peccator videbit et irascetur, dentibus suis fremet et tabescet : desiderium peccatorum peribit!*

« Voilà en abrégé, mon R. Père, ce que c'est que le désespoir, le second résultat du péché et la seconde cause de la haine.

IV

Le religieux releva un peu la tête, qu'il avait laissé tomber dans ses mains dès les premières paroles de son compagnon, mais ne répondit rien : il pleurait; le mendiant lui-même, malgré l'habitude qu'il avait de ces effrayantes pensées, et sa facilité de se refouler, de concentrer en lui-même ses sentiments, ne laissait pas que d'être visiblement impressionné. Toutefois, maîtrisant ses émotions, et comme s'il avait hâte de terminer un récit qui semblait aiguillonner ses souffrances, il continua en ces termes :

— J'ai nommé le suicide; avant de parler de la haine, il est nécessaire d'en dire quelque chose. Je me permettrai donc quelques considérations sur ce point si grave et si peu compris.

« Il ne faut pas étudier le suicide dans les poëtes seulement et les philosophes qui, dans leur cabinet, traitent souvent les questions à un point de vue trop spéculatif et ne pénètrent pas dans le vif de la nature humaine.

« Martial l'a blâmé en un joli distique :

Rebus in adversis facile est contemnere vitam :
Fortius ille facit qui miser esse potest.

« Sans doute dans le malheur il est facile de mépriser la vie : le tout est de savoir la raison de cette grande facilité, le tout est de pouvoir être malheureux, étant donnés la personne qui se suicide, son caractère, son état moral, les circonstances qui l'amènent à se donner la mort, le milieu social et autre dans lequel elle vit.

« De même Virgile, qui déplore dans quelques beaux vers le sort de ceux qui se sont donné la mort, n'a guère plus d'autorité que lorsqu'il nous dépeint avec un art infini le désespoir de Didon, pour faire entendre qu'en se suicidant elle obéissait à une sorte de nécessité.

« Et Cicéron qui, dans sa quiétude satisfaite, trouve d'excellentes raisons contre le suicide, est le même homme qui, exilé de Rome, avoue ne pouvoir plus supporter la vie.

« Il ne suffit pas non plus d'étudier le suicide dans quelques personnages célèbres comme Annibal, Caton, Brutus, etc. Ces exemples isolés, malgré leur valeur, ne peuvent donner une juste idée du suicide.

« Il faut d'abord considérer que le suicide fut l'état ordinaire et permanent, la fin naturelle, pour ainsi dire, des plus nobles, des plus intelligents, souvent des plus braves parmi les Romains, des sénateurs, des patriciens, depuis Auguste jusqu'à la fin de l'empire. Il faut remarquer, en outre, que le christianisme seul fit cesser cette maladie, qui toujours reparaît à mesure que la religion se retire. Enfin il ne faut pas oublier que rarement les lâches se tuent eux-mêmes, malgré le désir qu'ils en ont; et que c'est précisément la peur, la pusillanimité, et non le courage, qui les empêche de se suicider. Étudiez la Rome des Césars, et vous verrez avec effroi comment la mort était un passe-temps, un jeu et surtout un besoin! et comment la vie était un insupportable fardeau, même à vingt ans!

« Ces quelques réflexions que vous pouvez approfondir, vous indiquent déjà qu'il ne faut pas se moquer du suicide; qu'il y a de ces situations terribles où il est, pour ainsi dire, impossible de supporter la vie, et qu'une société tout entière peut se trouver dans ce cas. Voici la raison de ce triste phénomène.

« Je vous ai dit ce que c'était que le désespoir,

comment il était produit, et les souffrances indicibles qu'il cause. Le désespoir commence par la déception. Le monde ne réalisant pas, n'offrant pas ce bien idéal, rêvé par l'intelligence, aimé par le cœur, poursuivi par toutes les forces de l'âme, le monde désenchante bien vite. Mais comme on ne veut pas de Dieu, que cependant il faut un aliment à cette activité, à ces besoins qui sont en nous, et qu'en dehors de Dieu il n'y a que le monde, ce désenchantement nous afflige. On est mécontent, abattu de voir tous les voiles se déchirer, les illusions disparaître, les nuages s'évanouir, et nous laisser les choses à nu. On regarde avec un morne chagrin toutes ces fleurs, qui de loin paraissaient si belles, se flétrir à mesure qu'on les cueille, tous ces parfums si suaves, si délicieux, s'évaporer, ou perdre subitement leur douceur, tous ces plaisirs, toutes ces jouissances nous fuir lorsqu'on va les goûter, ou ne laisser après eux que de cuisants regrets.

Les déceptions se suivent plus cruelles, plus amères les unes que les autres. Bientôt on tombe dans la tristesse. Pour avoir une idée de cette tristesse mauvaise, suite de la déception et compagne du désespoir, ainsi que des ravages affreux qu'elle produit, ouvrez la sainte Écriture : *Spiritus tristis exsiccat ossa,* dépérissement général. Ce terrible ennemi serpente dans le cœur, comme la teigne dans un vêtement, le ver dans le bois, et le ronge lentement : *Sicut tinea vestimento, et vermis ligno, ita tristitia viri nocet cordi.* La mort, qui en est la conséquence, suit ses pas : *A tristitia festinat mors, et cooperit virtutem, et tristitia cordis flectit cervicem. — Seculi tristitia mortem operatur.* La tristesse, c'est le mal suprême : elle résume et contient tous le maux : *Omnis plaga tristitia cordis est.*

« Toute espèce de tristesse mène à la mort. Voilà pourquoi Jésus-Christ, arrivé au paroxisme de la douleur et voulant exprimer en un mot toutes les souffrances qu'il endure, s'écrie : *Tristis est anima mea usque ad mortem.* La puissance de destruction qui est dans la tristesse est si grande, cette mort qu'elle opère est si entière, si absolue, que l'Apôtre ne craint pas de lui attribuer le privilége le plus précieux et le plus extraordinaire, dans l'ordre de la grâce, celui d'établir notre salut sur des bases solides et inébranlables : *Quæ secundum Deum tristitia est pœnitentiam in salutem stabilem operatur.* C'est que la tristesse épuise l'activité de l'âme elle consume lentement, mais sûrement; elle pénètre dans les replis les plus secrets, atteint les fibres les plus délicates; elle fait de l'esprit et du corps une ruine. Quand la tristesse a Dieu pour principe, elle détruit le *vieil homme* et produit cette joie céleste et véritable, dont les saints ont le secret, et qui est l'avant-goût et le plus sûr garant de l'inénarrable bonheur de l'éternité.

De même que c'est la tristesse qui donne la mort,

ainsi c'est la joie qui donne la vie ; et il y a deux espèces de joies comme il y a deux espèces de tristesses, l'une bonne et selon Dieu, l'autre mauvaise et fausse qui est le rayonnement d'une vie fausse et d'un faux bonheur, et qui, lorsqu'elle s'éteint enlève du même coup la fausse existence dont elle était le soutien. Dans les psaumes, le mot *vivificare*, donner la vie, est la traduction d'un mot hébreu qui signifie : *lætificare*. Le prophète, au lieu de demander à Dieu la vie, lui demandait souvent de préférence la joie, qui en est la source. Et quand l'Apôtre nous avertit de nous réjouir constamment dans le Seigneur, il ne nous dit pas autre chose, sinon de vivre continuellement en Dieu : *Gaudete in Domino semper; iterum dico vobis, gaudete.* — *Cor gaudens exhilarat faciem; in mœrore animi dejicitur spiritus.* — *Animus gaudens ætatem floridam facit, spiritus tristis exsiccat ossa.* Toujours essentiellement pratique et délicate, même dans les points les plus sévères, la Bible prend l'homme par le sentiment du bonheur et lui montre la vie sous sa forme à la fois la plus gracieuse et la plus précise, sous la forme de la joie.

« Ce qui procure la joie vraie et la vie, c'est l'exacte observance de la loi, c'est-à-dire des rapports qui existent entre nous et Dieu et les êtres avec lesquels nous sommes unis. C'est ce qu'exprime le prophète : La loi du Seigneur *convertit les âmes*, c'est-à-dire, d'après l'hébreu, donne la vie, la rend lorsqu'elle s'éteint, etc., *Lex Domini convertit animas*, etc. Or, observer la loi, c'est être obéissant ; être obéissant, c'est être humble, ou être à sa place. Ainsi être joyeux, ou vivre de la vie véritable, c'est être à sa place, parce qu'on ne peut agir que là : partout ailleurs on gêne, on est gêné et on est inutile. Conséquemment sortir de sa place par la désobéissance, c'est se condamner à la tristesse et à la mort. La lâcheté est non pas dans la tristesse et la mort, mais dans la désobéissance qui nous détache de Dieu, — *per desidiam inobedientiæ recesseras*, dit excellemment le grand maître de la vie religieuse, — et nous condamne à mort, de même qu'un fruit tombé est privé de sa séve et meurt.

« Enfin, de la tristesse on tombe dans l'ennui, le dégoût de la vie, et alors arrivent de plus en plus fréquentes les idées, les tentations de suicide.

« Il y a dans la liturgie une strophe d'hymne qui peut fournir de longs sujets de méditations ; c'est au commun d'un martyr, et ce n'est pas sans raison que le Saint-Esprit a placé là une telle prière. S'adressant au martyr, c'est-à-dire à ce chrétien que le monde plaça dans des conditions telles que la mort était pour lui un devoir et une absolue nécessité, l'Église le prie d'intercéder pour nous auprès de Dieu, afin que, par suite de nos fautes et de circonstances malheureuses, nous ne voyions pas la mort se dresser devant nous et s'imposer à nous en quelque sorte : « Que vos prières nous obtiennent la grâce de ne jamais éprouver ce *dégoût*, cet *ennui* de la vie, qui mène à la mort. Et pour cela, faites qu'entre nous et Dieu, il n'y ait jamais d'obstacles, c'est-à-dire de faute inexpiée, et que le mal, le péché, n'imprime aucune souillure dans notre âme :

> Tui precatus munere
> Nostrum reatum dilue,
> Arcens mali contagium,
> *Vitæ removens tædium.*

« Il y aurait un instructif rapprochement à faire entre ces deux sortes de martyrs, arrivés par des voies opposées à ce but suprême, la mort ! L'un s'y voit amené par un ensemble de fautes et de malheurs, l'autre par un passé vertueux, par une vie chrétienne.

« Le suicide est la manifestation de cette vérité profonde qui explique tant de choses, et que je vous ai développée, à savoir que l'homme ne peut vivre sans posséder Dieu ou le monde, c'est-à-dire sans avoir un but à sa vie et un aliment à donner à l'activité indestructible qui est en lui.

« Le chrétien qui vit pour Dieu et ne place qu'en lui ses espérances, ne s'attache pas aux biens de ce monde, il accepte patiemment cet accident et se regarde comme un fonctionnaire, un employé mis à la retraite ou en disponibilité, pour des raisons légitimes, à lui inconnues. En tout cas, certain de l'affection de son maître, il se tourne vers lui et dépense tout entière en Dieu cette activité, dont jusque là le monde avait eu une partie. Il ne se plaint pas, du moins outre mesure, parce qu'il sait que cette perte temporelle est pour lui la source d'un gain éternel. Voilà pour le chrétien.

« Mais supposez un incrédule, un indifférent, un homme pratiquement sans religion. Dès que la famille, la société, les richesses, les honneurs, les plaisirs, les objets extérieurs, la science, les arts, le monde en un mot, cesse d'avoir pour lui de l'attrait, comme il arriva surtout sous l'empire romain, il faut qu'il meure; s'il ne se tue pas lui-même, le spleen, l'ennui, ou les excès auxquels il se livrera le tueront rapidement.

« C'est ainsi que s'expliquent toutes ces morts célèbres qu'enregistre l'histoire, suspendue entre le blâme et la compassion. Annibal, Mithridate, Brutus, etc., ne tenaient pas à la vie pour la vie : ils vivaient pour un but. Ce but disparaissant, ou cessant d'être possible, eux-mêmes à leurs yeux n'avaient plus de raison d'exister. Comme la déception, la tristesse, le dégoût de la vie se peignent bien dans ces amères paroles de Brutus, se perçant de son épée aux champs de Philippes : « Vertu, tu n'es qu'un nom, l'esclave de la fortune; et moi je te servais comme si tu eusses été une réalité! » Certes ce n'étaient point des esprits faibles; ils se donnèrent la mort, parce qu'ils perdirent *tout* ce qu'ils avaient aimé et poursuivi : ils s'éteignirent comme une lampe qui n'a plus d'air pour entretenir la flamme.

« Celui qui ne s'en tient pas au dehors, qui sait aller au fond des choses, s'arrête devant les malheureux en proie à cette terrible tentation et qui y succombent, comme devant ces tristes victimes qui, lentement consumées par un affreux cancer, sont fatalement dévouées à une mort prochaine. Le suicide inspire toujours une grande compassion, en même temps qu'il excite je ne sais quel sentiment de terreur mal définie. L'opinion publique, la conscience humaine, laissée à elle-même, plus sage et plus pénétrante que tous les philosophes, sait compatir, lors même qu'il y a faute. Elle sent qu'il y a dans l'ordre moral, comme dans l'ordre physique, de ces *plaies incurables*, rebelles aux remèdes ordinaires, et que le divin médecin ne peut lui-même guérir que par un *miracle*. Elle comprend les angoisses de certaines âmes, la lutte constante, formidable qu'elles soutiennent contre la mort, qui sans cesse se dresse devant elles pour les saisir dans un moment de faiblesse. En présence d'une telle infortune, courbons-nous, en blamant celui qui se suicide, et répétons la sublime prière de l'Église :

> Nostrum reatum dilue,
> Arcens mali contagium,
> Vitæ removens tædium !

« Oui, l'homme peut tomber dans le désespoir,

dans ce marasme qui dévore l'âme, dans cette mélancolie qui, sans détruire tout à fait la sensibilité, l'urbanité, jette le cœur dans un profond abattement, et conduit presque infailliblement à la mort.

« Sans doute il y a faute et faiblesse, mais la lâcheté n'est pas précisément dans l'acte du suicide : elle est dans les prémisses, dans le *reatus*, dans le *mali contagium*. Cet acte est une conclusion logique qui, les prémisses étant posées, sort presque fatalement, à moins d'un miracle, dont il ne faut pas tenir compte ici.

« Il y a plus de personnes qu'on ne pense, tentées par le suicide, même des saints. Le Père Liebermann ne pouvait passer près de l'eau, sans que cette tentation lui revînt violemment à l'esprit, et il n'osait garder dans sa chambre des instruments tranchants comme un rasoir. Combien de capitaines, même célèbres, voyant la bataille perdue, se sont précipités en aveugles au milieu des bataillons ennemis pour y trouver la mort? Combien d'autres, accablés par le chagrin, se sont faits soldats, dans l'espoir d'être tués à un premier engagement.

« Si vous avez quelque expérience des âmes vous devez savoir combien il en est qui sont prises de ce profond dégoût de la vie et répètent avec l'Apôtre : *Quis me liberabit?* Combien et des meilleures, des plus généreuses, succombent au chagrin, aux peines, aux soucis, à l'ennui, se consument silencieusement et meurent de ces maladies morales et mystérieuses, contre lesquelles échouent les efforts de la médecine et les consolantes perspectives de la religion. Mais pour comprendre ces choses, il faut s'être trouvé dans ces cruelles situations : l'homme heureux, ou à peu près, ne sait pas ce que c'est que la vie; il traite toutes ces choses d'après les règles inflexibles d'une théorie qui ne tient pas compte de la pratique, et il ne saisit que la moitié de la question..... Laissons là ce sujet sur lequel je m'étends beaucoup trop, et revenons à la haine. »

Puis, se recueillant quelques instants, comme pour se rappeler ce qu'il avait dit précédemment, et y rattacher ce qu'il allait dire, il continua en ces termes :

« L'Écriture exprime en un mot l'état du pécheur arrivé au dernier degré : « Il méprise tout, il hait « tout, sans exception, même lui-même et ceux qui « lui ressemblent, parce qu'il ne peut supporter sa « misère et sa laideur, ni les voir sans colère dans les « autres: *Impius, cum in profundum venerit, contemnit!* » De même qu'il méprise, ainsi est-il méprisé. Il est tellement vil qu'il est innomable; il est si hideux moralement qu'il répugne; l'ignominie l'enveloppe comme une lèpre immonde : « *Sed sequitur eum*, ajoute aussitôt l'Écriture, *ignominia et opprobrium.* »

« L'impie, c'est-à-dire le pécheur, sciemment, délibérément et opiniâtrément révolté contre Dieu, après avoir passé par les deux premiers états, la *mort*, comme *homme divinisé*, et le *désespoir*, parvient enfin à la troisième et dernière étape, laquelle est bien près d'une définitive réprobation. Voyant, ou du moins sentant, d'une part, sa misère affreuse et le mépris dont il est l'objet, d'autre part, la grandeur, ainsi que le bonheur dont jouissent les âmes fidèles, l'estime, la considération qui les entourent, il *envie* leur sort. Mais comme il ne veut pas, en se réconciliant avec Dieu, franchir l'abîme qui le sépare d'elles, s'élever à leur hauteur et participer au même bonheur, l'*envie*, au lieu de produire une noble émulation, engendre une basse jalousie. On ne peut plus supporter ce bonheur, ni cette élévation; cette vue, ce spectacle cause à l'âme un noir chagrin, un dépit sombre, mêlé de fureur et d'impatience.

« Cette envie, cette jalousie peuvent avoir un double effet. Ou bien celui qui en est possédé devient misanthrope; il se sépare moralement de la compagnie des hommes, avec lesquels il ne veut plus avoir d'autre liaison que celle exigée par les affaires et le commerce ordinaire de la vie. Renfermé en lui-même, seul avec son anathème, ses crimes et sa douleur, il se consume lentement, ne pouvant supporter l'existence et craignant instinctivement la mort. Enfin il est comme un condamné à mort, qui attend avec résignation le moment de son exécution, qui la voit venir avec une certaine indifférence parce qu'il est habitué à cette vue et qu'il regarde cette fin comme méritée et inévitable. Il n'est pas rare que ces hommes se suicident.

« Ou bien il se révolte, il lève l'étendard, et, dans sa colère jalouse, il s'écrie : « Je monterai, je serai l'égal de ceux qui sont le plus élevés : « *Ascendam... similis ero altissimo!* » Or, comme il est au dernier degré de la bassesse et de l'ignominie, comme, d'autre part, il refuse d'en sortir, alors ne pouvant *s'élever* lui-même, il cherche et prend tous les moyens de *rabaisser* les autres, afin d'établir l'*égalité* par le *nivelage*. Il se joint à ceux qui lui ressemblent et qui ont les mêmes motifs pour agir de la sorte. Il leur offre son aide et son appui, en reçoit du secours et devient un soldat ou un capitaine dans cette grande armée qui fait la guerre à tout ce qui est noble, grand et saint, c'est-à-dire à tout ce qui est élevé et qui s'appelle aujourd'hui de ce nom générique : LA RÉVOLUTION.

« Ce n'est pas que tous ces hommes s'aiment (je parle surtout de ceux qui savent ce qu'ils font), au contraire, ils se haïssent et se méprisent d'autant plus qu'ils se voient et se touchent de plus près. Mais ils ont besoin les uns des autres, pour lutter avec quelque avantage contre l'Église et la société, et aussi pour s'étourdir. Ce sont des tigres, toujours altérés de sang, qui, réunis par un intérêt commun, se déchirent entre eux dans les intervalles de repos. Ce n'est pas l'amour qui les unit : un pécheur ne sait plus et ne peut plus aimer ; c'est la haine commune contre l'Église et la supériorité quelle qu'elle soit.

« L'Église dit : « Élevons ce qui est en bas, jusqu'à

« la hauteur de la divinité. Pour cela, renversons
« tous les obstacles, c'est-à-dire le péché sous toutes
« ses formes, afin que l'égalité produite par la liberté,
« étant établie, Dieu et l'homme, devenus frères en
« Jésus-Christ, s'embrassent avec amour et vivent
« l'un dans l'autre. »

« La Révolution dit au contraire : « A la hauteur
« où vous êtes vous pesez sur nous ; vous nous écra-
« sez de tout le poids de la Divinité qui rayonne en
« vous ; votre vue est pour nous un reproche et un
« remords, votre conduite un obstacle à la nôtre ;
« votre grandeur fait ressortir notre bassesse. Eh
« bien ! quittez ce trône et descendez dans la fange
« où nous gisons nous-mêmes. Qu'un même escla-
« vage, une même honte, une même bassesse, bri-
« sant les derniers freins du remords et de l'honnê-
« teté, nous rendent *libres* de faire ce que nous
« voudrons ; que par cette liberté, fondée sur l'abais-
« sement, devenus tous *égaux*, nous puissions nous
« traiter en *frères* sans respect, sans pudeur ni rete-
« nue. Acceptez ce programme ou disparaissez :
« Liberté, Égalité, Fraternité, ou la mort ! »

« Ainsi la même formule, si profondément juste
dans sa brièveté, que tous prononcent et dont tous
ont peur, catholiques et révolutionnaires, parce qu'ils
ne la comprennent pas, est inscrite sur les deux
étendards de l'Église et de la Révolution : c'est la loi
qui régit nécessairement les deux camps, le camp du
bien et le camp du mal. Devise qui exprime une

vérité fondamentale que j'ai exposée en parlant du pauvre : c'est que dans le bien comme dans le mal, il n'y a point d'union ou de rapprochement, sans l'égalité, la liberté, la fraternité, au sens que j'ai indiqué. C'est la condition *sine qua non* d'existence : entre cette vie et cette mort, il n'y a pas de milieu. Et les guerres, les luttes, l'agitation que vous remarquez partout, dans quelque ordre de choses que ce soit, n'est que le résultat des efforts faits de part et d'autre, soit en bien, soit en mal, pour établir l'union et la maintenir, ou pour empêcher l'union, si l'une des deux parties ne veut pas y consentir ou la briser, si déjà elle existait. Dans l'un et l'autre cas, c'est pour arriver à la vie et au bonheur parfaits, vie et bonheur qui diffèrent suivant la manière d'entendre la formule et d'interpréter la loi.

« Pour les uns, c'est uniquement la vie terrestre, sans règle et sans frein, la vie parfaite, sans mélange et sans entrave, de l'orgueil, de la volupté, de l'ambition. Vie et bonheur qui ne peuvent exister que par la mort absolue, la disparition totale de son contraire, c'est-à-dire de la Divinité, partout où elle se rencontre et se manifeste.

« La *Sagesse,* après avoir décrit les complots des impies contre les justes et Jésus-Christ, afin de niveler et de faire disparaître tout ce qui est au-dessus d'eux : *Circumveniamus justum, quoniam inutilis, contrarius est,... improperat nobis,... diffamat in nos,... filium Dei se n ᴐat,...gravis est nobis ad videndum,...*

quoniam dissimilis est aliis vita illius, etc., la *Sagesse* indique en terminant la cause de cette lutte acharnée, c'est la haine : *Invidia autem diaboli mors introivit in orbem terrarum.* Tombé par son crime dans la mort et le désespoir, Satan, enflammé de haine, fit à son tour tomber l'homme, et, lui ravissant Dieu par le péché, le rabaissa à son niveau ; ce fut le premier niveleur.

« Pour les autres, c'est la vie parfaite dans l'éternité, préparée par les combats de la vie présente, dont elle est le couronnement, et qui ont pour but de diviniser l'homme de l'élever à la hauteur voulue, ou de le mettre à sa place dans l'ordre naturel et surnaturel. Enfin, loi dont le sens révolutionnaire s'exprime dans l'ordre politique et social par ces trois mots: *Libéralisme, socialisme, communisme;* trois monstres nés d'une même mère, lesquels paraîtront chacun à leur tour sur la scène, puis disparaîtront sous le glaive de Pierre et le souffle vengeur du Très-Haut.

« En résumé, que l'on considère la lutte, soit dans l'individu, soit dans la société, c'est la même, mais se passant sur un théâtre plus ou moins vaste. C'est toujours le combat de l'homme de péché contre l'homme juste, de l'homme juste contre l'homme de péché. Dans le premier cas, l'homme de péché cherche à rabaisser l'homme juste, en lui ravissant sa justice qui l'unit à Dieu ; dans le second cas, l'homme juste cherche à élever l'homme de péché, en le dépouillant de son péché, qui le sépare de Dieu. Des deux côtés la lutte se concentre sur Jésus-Christ, considéré dans son corps mystique ou l'Église, car lui est personnellement hors d'atteinte. Les uns s'efforcent de former, d'édifier ce corps mystique, suivant le précepte du maître et selon le droit et le devoir qui en découlent. Les autres s'efforcent par tous les moyens possibles d'empêcher la formation, l'édification de ce corps. Saint Paul a caractérisé la lutte que chaque homme soutient contre lui-même par ce mot profond que vous connaissez : *Caro concupiscit adversus spiritum.*

« Voilà, mon Révérend Père, voilà ce que c'est que la haine, troisième et dernier terme du péché et du mal ; le troisième et dernier état dans lequel descend ou tombe le pécheur. Lorsqu'il en est là, il n'y a presque plus de remède, à mon avis, pratiquement parlant. »

Et le mendiant prononça ces mots d'une voix sombre et sentencieuse. Puis, après un instant de silence, au moment où le religieux, qui jusque-là l'avait écouté avec la plus grand attention, se disposait à lui adresser la parole, il reprit lui-même la conversation.

V

« Je vous ai montré, dit-il, comme l'homme a une place marquée par Dieu, suivant sa nature, ses aptitudes spirituelles et corporelles, n'en a et ne peut en avoir qu'une; comment celui qui la perd meurt comme homme divinisé, au sens que j'ai indiqué; comment le pécheur qui, après avoir perdu sa place, refuse de rentrer dans l'ordre peut, s'il persiste dans son refus ou son impiété, tomber de la mort dans l'état de désespoir, et de celui-ci dans l'état de haine, au-dessous duquel il n'y a plus rien que l'enfer, lequel est le couronnement et la consommation éternelle de ces trois états.

« Je vous ai montré de plus que l'homme, étant fait pour l'infini, le connaît et l'aime nécessairement, et le poursuit de toutes ses forces; comment il arrive que le juste, ou celui qui est à sa place, satisfait ce besoin en allant à Dieu, et vivant en lui par la foi, la charité, la pratique de la vertu, tandis que le pécheur, l'impie qui repousse Dieu, ne peut jamais contenter ce désir, lequel s'agrandit, s'augmente à mesure que l'impie s'enfonce dans l'abîme et s'éloigne de Dieu.

« Enfin je vous ai donné la raison de ce dualisme effrayant qui partage le monde en deux camps irréconciliables et qui peut se résumer dans cette brève formule : L'union par la liberté, l'égalité, la fraternité, ou la mort! Loi terrible qui ne souffre point d'exception, également vraie du côté de Dieu, de l'Église et des justes, et du côté de Satan, de la Révolution et des pécheurs; et toujours nécessairement et impitoyablement exécutée de part et d'autre.

« Comme vous voyez, le sujet est immense, je n'ai pu que l'effleurer, tout en n'omettant, je crois, rien d'essentiel.

« Vous comprenez maintenant pourquoi je suis mendiant. Ayant perdu la place qui me revenait et ne pouvant plus la récupérer, j'ai accepté froidement le sort malheureux que mes fautes et les circonstances m'ont fait. Sans doute il m'eût été facile d'occuper une place avantageuse selon le monde, à ne voir que le côté matériel des choses. Mais, outre qu'il est certaines conditions qui ne se remplacent pas et qui, une fois perdues, ne se retrouvent pas, il est certaines natures qui ne peuvent vivre que dans une seule place. Partout ailleurs elles remuent, font des écarts et finissent par produire des scandales publics qui, d'une manière ou d'une autre, font un mal immense et souvent irréparable.

« Je me suis condamné à être mendiant, précisément afin d'ensevelir dans la misère ma honte et mes malheurs, et éviter de faire ce mal, ces scandales dont je viens de parler. Il suffit d'un moment d'irritation un peu plus long pour se révolter ouvertement et rompre en visière avec Dieu et le genre humain; et une fois entré dans cette voie on n'en sort plus. Non, je ne veux point m'exposer à causer positivement la ruine des âmes : c'est déjà bien assez que la mienne soit perdue.

« En prenant dans la société un rang qui ne me convient pas et qui ne saurait me satisfaire, je ne tarderais pas à vouloir monter plus haut. Car on n'est pas maître de soi-même, et personne ne peut lutter longtemps contre cette loi fatale dont je vous parlais : tôt ou tard on est entraîné par le courant; le seul moyen d'en triompher, c'est d'en sortir. Vouloir conserver la même place et s'arrêter au point qu'on désire, en restant dans le fleuve, c'est une chimère.

« Or, ne pouvant *monter* pour devenir l'*égal* des autres, je chercherais à les *rabaisser*, à les déshonorer, à les faire tomber; c'est la loi, et on ne peut s'y soustraire que par la fuite. Dans le mal comme dans le bien on ne s'arrête jamais; on peut aller plus ou moins vite, mais se fixer là, où et quand on le juge à propos, c'est une illusion : il faut quitter la voie ou marcher sans cesse en avant. Le point d'arrêt, c'est la *mort*, et la *demeure* c'est l'*éternité :* *Non habemus hic manentem civitatem*, principe vrai dans tous les sens et qui n'est que la traduction de cet autre : *Quoniam ibit homo in domum æternitatis suæ.*

« A la profondeur où je me tiens, ces excès ne peuvent avoir lieu ; je m'enlève jusqu'à la possibilité de mal faire. En fuyant tout contact avec les hommes, j'évite par là tout froissement et les suites. En comprimant toutes mes facultés, en leur refusant toute expansion au dehors, j'empêche les écarts : je ne puis en être maître qu'en les enchaînant tout à fait, en les anéantissant pour ainsi dire. Malgré tous mes efforts, le désespoir, la haine existent, mais ils ne peuvent faire explosion.

« Je ne me plains pas, bien que le fardeau qui pèse sur moi soit lourd, et mes souffrances indicibles. La pauvreté est une condition qui a sa raison d'être, avec des avantages spirituels et temporels. Celui qui est pauvre par état peut y trouver le bonheur, s'il est patient et résigné. Mais moi, pauvre et mendiant contre Dieu, ma nature, mon éducation, j'en subis les horreurs sans en avoir les consolations. Tout mon être est dans un état violent, forcé, qui ne me laisse nul instant de repos et de paix. Car cette tranquillité, cette résignation apparente n'est que le résultat de l'excès même du mal et de l'épuisement physique et moral dans lequel il me jette.

— Qui êtes-vous donc? hasarda timidement le religieux.

— Je suis une fleur flétrie, dont l'éclat et le parfum sont pour jamais disparus, répliqua sèchement le mendiant dans ce style imagé et caractéristique qui lui était habituel, et dont il se servait avec un merveilleux talent pour expliquer ou voiler sa pensée.

Le religieux comprit qu'il ne fallait pas insister.

Laissant donc tomber la question malheureuse qu'il avait posée et la réponse affligeante qui l'avait suivie, il reprit la parole, avec une émotion qu'il ne cherchait pas à dissimuler, et se borna à renouer la conversation interrompue.

« Je n'essaierai point de vous contredire en quoi que ce soit, dit-il ; et bien que le tableau que vous avez tracé des ravages terribles du mal, du péché dans les âmes, dans la société et partout où il se produit, soit effrayant, je le crois encore au-dessous de la vérité. Car jamais l'homme ne comprendra ce que c'est que le péché, et aucune langue ne l'exprimera jamais; Dieu seul a cette connaissance, et c'est pourquoi, seul aussi, il sait le châtiment qui convient au péché.

« Cependant il est certains points, certains traits, que vous avez seulement esquissés et qui sont trop importants pour ne pas les examiner un peu plus. D'abord vous avez parlé de la mort, du désespoir et de la haine comme *états*, et non comme *accidents*, ce qu'il ne faut pas confondre. Ensuite vous avez dit que, parvenu au troisième état, c'est-à-dire à la haine, le pécheur était pratiquement à peu près perdu, ce qui me semble peut-être exagéré, sans vouloir cependant vous contredire absolument. Enfin je crois que peu de pécheurs arrivent au second et surtout au troisième état, parce que pour cela il faut, à ce qu'il me paraît, des circonstances qui rarement se trouvent réunies chez un même individu. Je vous serai obligé de me donner sur ces différents points quelques courtes explications, lesquelles, en éclaircissant la question, la compléteront et lui donneront plus d'unité.

— Vous faites bien de me rappeler ces choses qui effectivement sont très-importantes et mériteraient une longue étude. Puisque le cours de la conversation les a fait naître, je tâcherai de les expliquer en peu de mots.

« Dans tout péché mortel, il y a nécessairement la mort, le désespoir et la haine ; mais ces trois choses sont rarement et même jamais voulues ; ce sont des conséquences fatales auxquelles le pécheur consent forcément. Ainsi l'homme pèche pour satisfaire son orgueil, ses plaisirs, son ambition, etc. ; mais comme il ne peut se procurer cette satisfaction sans donner la mort à son âme, et qu'il n'a pas le courage de résister à la tentation, alors il consent aux suites fatales de son action, de même que le brigand veut indirectement l'*infamie* qui le couvre et la *mort* qui l'attend un jour ou l'autre. Le pécheur donc, en faisant le mal, *meurt*, puisque sa faute chasse Dieu de son âme et le sépare de lui. Il *désespère*, puisqu'il abandonne Dieu comme ne lui offrant pas ce qu'il cherche, et se dégoûte bien vite du monde vers lequel il se tourne, c'est un guerrier qui, dans une position difficile, trahit son drapeau, dont il n'espère rien, et passe à l'ennemi, où il croit trouver plus d'avantages. Bientôt, s'il persiste dans cet état, et surtout si c'est une grande âme, il désespérera tout à la fois de Dieu et du monde; de Dieu, dont il ne veut plus, du monde, qui ne peut le satisfaire. Enfin, il hait Dieu, puisqu'en lui préférant la créature, il lui déclare indirectement la guerre, et voudrait implicitement, mais nécessairement le voir périr; car alors c'est pour lui le plus terrible ennemi. Voilà ce qu'il y a dans tout péché, quel qu'il soit.

« Tout homme pèche, le juste et l'impie, mais entre eux il y a cette profonde différence, c'est que le juste tombe, et même souvent; mais il se relève : *Septies in die cadet justus et resurget;* l'impie, au contraire, se précipite dans le mal et y reste : *Impii autem corruent in malum.* La mort ne devient un état que lorsqu'on y reste délibérément, sans avoir l'intention d'en sortir, au moins de sitôt.

« Comme vous l'avez fort bien dit, le grand nombre des pécheurs reste dans cet état et ne tombe pas dans le désespoir et la haine, considérés comme états, parce que les motifs qui les déterminent à rester dans cet état de mort sont l'ennui, le fardeau des pratiques religieuses, l'intérêt, les mauvaises compagnies, etc. Aussi, lorsqu'ils arrivent au terme de leur existence, tous ces motifs, qui viennent surtout de l'extérieur, s'évanouissant, ou ne pouvant que faiblement exercer leur empire, beaucoup de pécheurs de ce genre se convertissent, ou du moins se rapprochent de Dieu ; ils ne voulaient point de Dieu, uniquement parce qu'il les gênait, les ennuyait, ou bien ne leur était connu qu'à travers mille fausses idées.

« Mais il est une autre espèce de pécheurs que l'Écriture nomme *impies*, et sur lesquels elle prononce les plus terribles menaces, les plus formidables anathèmes. L'impie proprement dit est un homme qui se voit et s'estime avant tout et par dessus tout. Son orgueil, ses plaisirs, son intérêt, voilà sa loi ; tout ce qui contrarie ses convoitises, voilà son ennemi. Le respect, l'honneur, la probité sont dans la pratique des mots à peu près vides de sens ; il n'en prend que l'écorce. Or l'impie rencontre forcément Dieu sur son chemin. Il commence par commettre le crime, malgré Dieu, acceptant les conséquences de sa conduite, c'est-à-dire la mort. Puis il se complaît dans cette mort, parce c'est lui qui se la procure ; il ne veut pas de Dieu, il préfère vivre seul par orgueil. Mais l'impie ne reste pas là ; il tombe rapidement dans le désespoir. En rejetant totalement et délibérément Dieu, il comprend, ou du moins il sent l'énormité de son crime, et dès lors il perd à peu près toute espérance en Dieu, et peu à peu dans le monde qui ne le rassasie pas. Pour lui donc, Dieu devient un adversaire irréconciliable ; il ne veut plus de lui et accepte cette séparation complète. Enfin il arrive à la haine ; il déclare et fait ouvertement la guerre à Dieu, à Jésus-Christ, à ses disciples, suivant la condition dans laquelle il se trouve; s'il ne la fait pas par lui-même, il aide à la faire. Il y a de ces individus dans toutes les conditions, depuis le prince jusqu'au pauvre; le camp révolutionnaire en fournit une belle collection.

« Ainsi on peut être pécheur de plusieurs manières. Il y a une multitude de voies qui conduisent soit au bien soit au mal; on y arrive par telle ou telle, suivant les circonstances, sa nature et le point où l'on se trouve.

« Relativement à l'exagération que vous croyez exister dans une de mes paroles, elle n'est qu'apparente. Mais comme il serait impossible à vous de bien comprendre ma pensée, à moi de vous l'expliquer clairement ici, regardez cette expression comme non-avenue; je la retire. Toutefois, rien ne s'oppose à ce que je vous dise en un mot mon sentiment à ce sujet. Les trois états que j'ai signalés dans le mal et dont la justesse est pour moi absolue, correspondent aux trois personnes divines. Le premier état est la séparation directe, complète et formelle du pécheur d'avec le Père, et indirecte, incomplète et forcée d'avec le Fils et le Saint-Esprit. Le second état est la séparation directe, complète et formelle du pécheur d'avec le Fils, et indirecte, incomplète et forcée d'avec le Saint-Esprit. Le troisième état est la séparation directe, complète et formelle d'avec le Saint-Esprit. Le premier est opposé au Père, le second au Fils, le troisième au Saint-Esprit. Le premier est la négation formelle de la foi, le second de l'espérance, le troisième de la charité, le tout au point de vue pratique et dans l'intérieur. C'est l'apostasie de l'âme par l'esprit et par les œuvres. Le dernier est le péché contre le Saint-Esprit. Quand un pécheur en est là, il est perdu presque sans retour ; il y a peu de remède. Spéculativement, le salut est toujours possible, pratiquement il ne l'est guère. On a alors brisé avec Dieu à peu près complétement, ou dans ses trois termes. On n'est plus attaché à lui que par ces liens, ces fils que la mort seule peut rompre, mais trop faibles ordinairement pour retirer de l'abîme.

— Je comprends parfaitement votre pensée, dit le religieux, qui préférait ne pas voir son compagnon s'engager dans ces questions ardues; et bien que je ne puisse, sans mûre réflexion, donner à votre affirmation le même degré de certitude que vous-même lui donnez, je ne la contredis pas du tout. D'un autre côté, l'explication que vous apportez sur le péché contre le Saint-Esprit, qui existe dans ce monde et doit conséquemment avoir une explication, cette explication, dis-je, m'a surpris et satisfait. Surpris par sa soudaineté et son à-props ; satisfait *a priori* parce que le troisième état du mal, tel que vous l'avez décrit, est réellement le dernier, et que le péché contre le Saint-Esprit, étant ce qu'il y a de pire en ce monde et en l'autre, puisqu'il est irrémissible même ici-bas, si ce péché n'est pas ce troisième état, au-dessous duquel il n'y a plus rien, on ne voit pas trop ce qu'il serait.

« Même dans cette hypothèse, la miséricorde et les droits de Dieu sont pleinement sauvegardés. D'abord le salut peut être spéculativement possible, en ce sens que la grâce est toujours assez puissante pour convertir n'importe quel pécheur, et Dieu toujours assez bon pour lui pardonner, c'est-à-dire qu'*en droit* il n'y a aucun péché qui puisse résister à la grâce et lasser la miséricorde divine, ou qui soit irrémissible; pratiquement, au contraire, le salut peut être rendu presque impossible, si je ne me trompe, en ce sens qu'entre Dieu et le pécheur tous les liens étant à peu près rompus, et, par suite de cette rupture et de son obstination dans le mal, le pécheur est si bas, si abruti surnaturellement qu'il lui est presque impossible d'avoir, surtout à l'article de la mort, cette grande chose si essentielle et plus rare qu'on ne pense, une *vraie contrition*. L'âme est tellement durcie que rien ne peut faire sur elle d'impression sérieuse pour le salut. C'est du moins ce qui me paraît ressortir de vos paroles.

— Parfaitement, répondit le mendiant, qui, pour ne pas s'arrêter outre mesure sur ce point, ne voulait pas s'expliquer davantage ; vous avez bien saisi ma pensée.

« Je vous ai exposé, ajouta-t-il, la situation du pauvre et du pécheur, ces deux *parias* du monde social et moral, ou ce que c'étaient que le malheur et le péché, et à quels abîmes ils conduisent. Il me faudrait expliquer maintenant pourquoi les hommes se perdent, comment le pécheur tombe dans l'état que j'ai décrit. Mais je n'ose aborder ce sujet; la matière est immense et compliquée : ce que je dirais serait nécessairement trop incomplet et trop décousu pour avoir quelque intérêt.

— Parlez, parlez toujours », fit avec empressement le religieux, qui pensait à l'aide de cet entretien pouvoir saisir son compagnon, l'amener à un retour vers Dieu. Il ne pouvait se faire à l'idée qu'une si belle âme fût perdue, et que Dieu ne tînt pour elle en réserve des trésors de miséricorde et d'amour, n'attendant pour les répandre qu'un *dispensateur*. Et les divers incidents de cette entrevue, en confirmant ses espérances, d'abord bien faibles, l'autorisaient à croire que lui-même peut-être était ce médiateur, ce ministre choisi par la Providence.

Le mendiant, qui semblait lire dans l'âme du religieux, mais ne voulait pas l'attrister outre mesure, le laissa caresser ses illusions. Il savait trop bien, hélas! dans quel abîme il se trouvait, quelles choses essentielles il lui manquait pour espérer quelque bon résultat de la rencontre fortuite d'un prêtre. Se tenant donc toujours à un point de vue général, il entra brusquement en matière, sans trop s'occuper si ce qu'il allait dire serait facilement compris du religieux.

VI.

« L'homme, dit-il, se compose de deux parties distinctes, faites l'une pour l'autre, l'esprit et le corps.

« De même que l'esprit est animé, jouit d'une vie propre et partout possède des puissances, des facultés particulières, de même le corps possède également ses puissances, ses facultés particulières. Mais le corps étant fait pour l'esprit, pour être uni à lui, sa vie n'est pas indépendante de l'esprit. Dès que l'union est rompue, n'ayant plus de raison d'être, il se décompose et périt comme le corps humain.

« Tel est l'homme dans sa constitution. Il a reçu l'existence naturelle de ses parents, l'existence surnaturelle de l'Église par le baptême. Il faut que ces deux existences croissent et se développent parallèlement. De là deux sortes de maîtres concourent à former l'homme : l'Église et la société ; de là deux sortes d'enseignements, l'enseignement religieux et l'enseignement social, qui jamais ne doivent être séparés, ni s'exercer au détriment l'un de l'autre. Ces deux enseignements, qui doivent rester constamment unis et subordonnés, sont destinés à former l'homme comme citoyen et comme chrétien, ou à le faire vivre dans l'ordre surnaturel et naturel, suivant la place qu'il doit occuper dans l'un et dans l'autre.

« Ce double enseignement se commence et se fonde dans la famille. Il se continue au collège et les établissements qu'on est convenu d'appeler secondaires. Il se perfectionne dans les écoles supérieures ou professionnelles. Pour les ouvriers, l'apprentissage tient lieu du collége et le compagnonnage des écoles supérieures. L'éducation de la famille est la plus importante et ne peut en aucune manière se remplacer, parce que c'est elle qui pose les fondements.

« L'homme peut être considéré sous trois aspects; comme individu, comme homme, comme citoyen. Ce qui le distingue sous le premier point de vue, c'est la raison ; — sous le second, c'est la famille, — sous le troisième, c'est la position sociale, spécialement la richesse. .

« Trois vertus correspondent à ce triple état ; c'est, pour la raison ou l'individu, l'obéissance à l'autorité légitime, quelle qu'elle soit ; — pour l'homme ou la famille, la chasteté qui réside dans l'âme, de même que l'obéissance réside dans la raison ; — pour le citoyen, c'est la pauvreté ou le détachement de toutes choses extérieures. La pauvreté a principalement pour objet le corps et en est la vertu.

« Trois connaissances, trois amours et trois passions, au service de ces trois connaissances et de ces trois amours, dont elles sont les forces, les moyens d'action, accompagnent ces trois états et ces trois vertus. Connaissance, amour et passion du vrai, du beau et du bien pour l'individu, chez qui l'esprit a le rôle principal ; connaissance, amour et passion de la société, pour le citoyen, et des biens qui s'y rapportent, comme la gloire, les honneurs, les richesses.

« Trois vices sont opposés à ces trois vertus : l'orgueil, la volupté, la cupidité, lesquels détournent ou dépravent les trois connaissances, les trois amours, les trois passions.

« Ces trois vices et ces trois vertus apparaissent et s'affirment successivement dans l'homme. Dans l'enfant et l'adolescent, il faut s'attacher à lui inculquer profondément l'obéissance et à détruire l'orgueil ou l'insubordination. Dans l'homme, les efforts doivent porter principalement sur la chasteté et la volupté, le vice contraire. Dans le citoyen, c'est-à-dire vers quarante ou cinquante ans, l'obéissance et la chasteté doivent être acquises ; elles doivent être passées à l'état d'habitude et n'exiger qu'une légère surveillance. C'est la pauvreté surtout qu'il faut acquérir, de même que l'orgueil et la volupté s'effacent pour laisser la place à la cupidité.

« Voilà l'homme considéré naturellement. Considéré surnaturellement, il a aussi les mêmes caractères. Il est enfant de Dieu ou fidèle par le baptême et la confirmation, qui le rend apte à soutenir les combats de la vie. Il entre dans son second état par le mariage, ou l'ordre, suivant sa vocation ; dans le troisième, il se distingue surtout par la profession extérieure, publique et sociale de la religion.

« Trois vertus correspondent à ces trois états, la

foi, l'espérance et la charité, qui renferment également les trois connaissances, les trois amours, les trois passions dont j'ai parlé. Trois vices sont opposés à ces trois vertus : l'infidélité ou la mort surnaturelle, le désespoir et la haine; je vous ai dit en quoi ils consistent.

« C'est à la famille surtout que revient la tâche de former l'homme sous ces trois aspects, naturellement et surnaturellement, former l'individu et le fidèle en enracinant dans son esprit l'obéissance et la foi et en empêchant la formation de l'orgueil et de l'infidélité ; — former l'homme en enracinant dans son âme la chasteté et l'espérance et en empêchant la formation de la volupté et du désespoir ; — former le citoyen en enracinant en lui la pauvreté et la charité et en empêchant la formation de la cupidité et de la haine. L'éducation de la famille est d'une importance capitale : elle forme directement l'individu et prépare l'homme et le citoyen. Elle décide souvent de la vie entière et se termine à peu près à dix ou onze ans au plus tard. C'est l'époque où l'homme, et quant à son esprit, et quant à son corps, est formé, c'est-à-dire que son esprit et son corps, sans être encore parvenus à leur complet développement, ont cependant reçu le *pli*, la tournure, la physionomie qu'ils auront toujours.

« A l'éducation de la famille succède l'éducation du collége et des écoles supérieures ou professionnelles. Je ne m'occupe pas ici de l'éducation des ouvriers, laquelle se faisait autrefois dans les corporations, et se fait aujourd'hui dans l'apprentissage et le compagnonnage. Quand l'enfant entre au collége, vers dix ou douze ans, il est à peu près formé pour la vie, et tant pis s'il l'est mal. C'est un malheur dont les conséquences pourront être plus ou moins neutralisées, mais qui, lui-même, est irréparable. C'est un édifice mal construit ou qui n'a pas de fondations; des échafaudages, des étais pourront le soutenir et l'empêcher de tomber, mais ne remplaceront pas les fondements. C'est là une vérité que tous les philosophes, après la sainte Écriture, s'accordent à proclamer et sur laquelle il est inutile d'insister.

« L'éducation du collége, à la fois religieuse et sociale, développe et fait croître les vertus et les qualités que possède l'enfant, qu'il tient de la nature et de la grâce, et que la famille a plantées et fixées pour toujours. Le collége doit donc enseigner le vrai, le beau, le bien surnaturels et naturels, les grands devoirs de la vie sociale et chrétienne. Il doit en même temps étouffer l'orgueil, la volupté, la cupidité. En d'autres termes, tout ce qui est capable de fausser en quelque manière l'esprit des jeunes gens, de porter la moindre atteinte à la chasteté, à la pureté de leur âme, d'exciter en eux la cupidité et de dangereuses convoitises, doit être impitoyablement banni de l'éducation.

« Le monde ayant été créé pour Dieu, avec lequel il est uni en Jésus-Christ, l'homme se trouve constitué dans l'état surnaturel. Pour faire partie de l'ordre surnaturel, trois choses sont nécessaires : y entrer, y demeurer, y vivre.

« L'homme entre *de fait* dans l'ordre surnaturel, auquel il appartient *de droit*, par le baptême, qui est la naissance surnaturelle. L'homme se conserve, demeure dans cet ordre, rentre dans la bonne voie, toutes les fois qu'il s'en écarte, par la pénitence, que les saints Pères appellent un second baptême, une planche de salut. Enfin l'homme vit dans cet ordre par la sainte Eucharistie, qui est la nourriture. Ainsi l'homme naît par le baptême, — il marche, en restant dans la bonne voie, par la pénitence, — il vit, il se divinise, en s'assimilant Dieu, par l'Eucharistie. Voilà pourquoi ces trois sacrements sont essentiels, le premier pour le salut, les deux autres pour la vie chrétienne et surnaturelle, qui ne peut exister sans eux.

« Le ministre de ces sacrements, c'est le prêtre. Dans l'administration du baptême et de la sainte eucharistie, son rôle est en quelque sorte mécanique, passez-moi cette expression, faute d'en trouver une plus juste pour peindre ma pensée ; il les donne, ou il les refuse, selon qu'il le juge à propos, et encore sur ce point son pouvoir est-il très-restreint et souvent nul. Il n'a donc, à proprement parler, pour domaine, mais il est infini, que le sacrement de pénitence. C'est là, et là surtout, qu'il peut et doit agir avec toute la plénitude de puissance que lui donne son auguste ministère. C'est là qu'il doit concentrer tous ses efforts et déployer toutes les ressources de son zèle, éclairé par la foi et animé par la charité. Sur ce terrain, mais là seulement, son pouvoir est immense, illimité, toujours fécond et efficace : c'est le grand moyen que Dieu lui a donné pour sauver les âmes. Je me bornerai donc à parler du prêtre comme confesseur et directeur, car ces deux choses sont inséparables et se supposent nécessairement. La confession convertit, en effaçant ses fautes mortelles ou vénielles, une âme bien préparée et amenée à cet acte important par un ensemble de circonstances providentielles et d'efforts personnels, ou simplement par les besoins ordinaires d'une vie chrétienne ; la direction fait persévérer une âme : elle est le complément obligé de la confession.

« Faire naître surnaturellement une âme et lui donner en temps opportun la nourriture nécessaire, sont des actes qui n'exigent guère de la part du prêtre d'autres conditions que le caractère sacerdotal et la mission officielle. Faire *marcher* une âme, ou *la diriger dans la voie qui lui est propre*, en lui servant tout à la fois de père, de guide et de médecin, voilà la difficulté ; difficulté si grande que le Saint-Esprit ne craint pas de dire, et vous savez par expérience la justesse de ses paroles : « Choisissez un « homme sage pour vous conduire, car il vous faut « un guide et un conseiller, mais choisissez-le entre « mille : *Consiliarus sit tibi de mille unus.* »

« Avant de parler du rôle du prêtre comme confesseur-directeur, je ne crois pas inutile d'en montrer la nécessité. Cette nécessité repose sur une raison de droit, ou tirée de la nature même des choses, et sur une raison de fait, ou tirée des difficultés pratiques de la marche : des deux côtés elle est absolue. Je commence par cette dernière qui, étant moins métaphysique, servira de préparation à l'autre.

« Pour marcher, il faut connaître, d'une manière nette et précise, le but à atteindre, le chemin qui y conduit, les moyens à prendre, enfin voir et savoir surmonter les obstacles qui se rencontrent. Le but, c'est Dieu pour tous, mais considéré diversement, suivant les individus; le chemin, c'est la loi, ou la règle particulière à chaque individu; les moyens sont la grâce (moyen surnaturel) et la nature (moyen naturel), avec ses facultés, ses puissances, etc.; les obstacles viennent du démon, du monde, de nous-mêmes.

« Supposez maintenant qu'un voyageur doive se rendre, sous peine de mort, dans un palais situé au centre d'une immense contrée. Du point où il se trouve il ne peut apercevoir le palais, il ne connaît la contrée que d'une manière générale et vague, c'est-à-dire à peu près nulle pratiquement. Supposez de plus que le pays dans lequel il met le pied, outre son immensité, est sillonné de chemins qui se suivent, se croisent, se côtoient, se coupent dans tous les sens, et que dans cette multitude innombrable de sentiers, un seul lui convient, que seul il doit prendre et suivre jusqu'au bout, sous peine de périr misérablement. Si vous ajoutez que souvent les ténèbres s'étendent sur ce sentier, déjà par lui-même bien difficile à reconnaître et ne permettent plus de l'apercevoir; que ce sentier, au lieu d'aller en droite ligne, fait mille et mille détours, et parfois disparaît dans l'herbe et les broussailles, ou se confond avec d'autres; que ce pays est infesté d'ennemis de toutes sortes, et que ce voyageur ne peut espérer les vaincre qu'autant qu'il restera dans la voie qui lui est propre; que si, malgré tous ses efforts, il tombe entre leurs mains, il ne peut éviter le sort affreux qui l'attend qu'en rentrant au plus vite dans cette même voie; et qu'enfin *seul* il ne peut marcher longtemps, à cause de la fatigue, des dangers, de l'ennui, des doutes, etc., ni se procurer la nourriture et les remèdes nécessaires, pour panser ses plaies, ni se servir avantageusement des armes qui lui sont remises pour combattre. Si vous supposez tout cela, et bien d'autres choses encore, vous aurez une idée de ce qui se passe dans l'ordre surnaturel; vous comprendrez ce que c'est que discerner sa vocation et quelle est la nécessité d'un bon guide, d'un bon directeur, pour toute âme qui entreprend sérieusement le terrible voyage qu'elle a à faire.

« L'application étant facile à faire et pour les âmes et pour les directeurs, et sur ce point le doute n'étant pas possible, je passe à la raison essentielle, qui est plus relevée.

« Deux termes ou deux êtres ne peuvent être unis ensemble, entrer en communication, aller de l'un à l'autre sans un moyen terme. Ce moyen doit participer des deux extrêmes, être de même nature, en avoir les qualités, c'est-à-dire les représenter exactement tous les deux. Ainsi Dieu et le monde veulent s'unir; ils ne le peuvent faire sans un moyen ou médiateur, ni sans que ce médiateur soit en même temps Dieu et l'homme, c'est-à-dire représente Dieu et le monde. Ce médiateur c'est Jésus-Christ, union hypostatique du Verbe de Dieu et de l'homme, verbe du monde.

« Le temps et le lieu ne me permettent point de faire ressortir la profondeur et l'importance de cette vérité; mais ces quelques mots suffisent, je crois, pour montrer la nécessité absolue d'un médiateur entre l'homme, le chrétien, le fidèle et Jésus-Christ qui est le terme avec lequel il doit s'unir. Sans un médiateur, Jésus-Christ ne peut aller à l'âme, ni l'âme à Jésus-Christ : l'impossibilité est la même de part et d'autre. Il me reste à expliquer quel sera ce médiateur, et pour cela il faut savoir au juste ce que c'est que le corps de Jésus-Christ.

VII.

« Le Fils de Dieu s'est incarné pour unir Dieu et le monde. Lui-même, Verbe de Dieu, a dû prendre la nature humaine, verbe du monde. Avant de s'unir en particulier à chaque individu, il s'est incarné dans l'humanité ; il a donc pris une nature qui est le représentant, le *verbe* de toute la nature humaine et de tous les membres qui la composent. Cette nature, verbe, expression de toutes les autres, forme le corps naturel et particulier du Verbe de Dieu, celui qu'il prit dans le sein immaculé de la très-sainte Vierge. Considéré en lui-même, abstraction faite de Dieu et du monde, qu'il unit et représente, Jésus-Christ est complet avec ce seul corps, parce que uni au Verbe, il en résulte un être vivant, une personne. Mais considéré dans l'univers, c'est-à-dire comme seconde personne de l'univers, dont Dieu est la première et le monde la troisième, il ne sera complet, *virum perfectum*, que quand tous les individus qui composent l'humanité seront réellement ou de fait unis à ce corps naturel du Verbe divin, et représentés par lui.

« Ainsi le corps naturel de Jésus-Christ, c'est la nature humaine qu'il prit dans le sein virginal de Marie, laquelle représentait l'humanité entière. Son corps mystique, c'est toute l'humanité, dont les membres doivent successivement venir s'ajouter à son corps naturel et se faire représenter par lui. C'est pourquoi son corps mystique ne sera complet qu'à la fin des temps, c'est-à-dire lorsque tous les hommes en feront effectivement partie, qu'ils se seront unis à lui et auront pris la place qui leur est destinée.

« Considéré dans la pratique, ce corps mystique c'est l'Église. On y entre par le *baptême;* on ratifie ce premier engagement par la *confirmation;* on y marche par la *pénitence;* on conserve et on augmente sa vie par l'*eucharistie.* Il est propagé et complété par le *mariage,* gouverné et dirigé par l'*ordre.* Enfin il est terminé, quant au temps, par l'*extrême-onction.* Voilà, en un mot, ce que c'est que l'Église, le corps mystique de Jésus-Christ.

« D'après ce que je vous ai dit, que le médiateur doit être nécessairement de même nature que les deux êtres qu'il est appelé à unir, il est facile de voir quel sera ce médiateur dans le cas présent. Les deux êtres qu'il faut unir sont, d'une part, tel individu, telle âme déterminée; d'autre part, le corps naturel ou la sainte humanité de Jésus-Christ. Remarquez ici la différence d'expressions : la nature humaine que le Verbe prit dans le sein immaculé de la très-sainte Vierge, c'est le corps du Verbe et non de Jésus-Christ; l'Église, et partant l'humanité, c'est le corps de Jésus-Christ et non celui du Verbe. Par la même raison, c'est le Verbe qui s'incarne dans le chaste sein de Marie, tandis que c'est Jésus-Christ qui s'incarne dans chaque individu, dans chaque âme. Donc les deux termes à unir étant, l'un, un homme ou un terme *simplement humain*, l'autre, le corps naturel de Jésus-Christ, ou plutôt du Verbe, un terme *humain divinisé*, il s'ensuit que le médiateur devra avoir ce double caractère.

« Ce médiateur possédant ce double caractère, c'est le prêtre, que je n'envisage ici que comme confesseur-directeur. Il est divinisé et représente Jésus-Christ par l'ordre qui le consacre et le déifie. Il possède dès lors le droit radical d'être médiateur : la mission ne fait que lui délier ce droit, ou appliquer la juridiction radicale qu'il a par son ordination à tel ou tel nombre d'individus, à tel ou tel homme, à telle ou telle circonscription.

« La nécessité absolue de l'homme déifié, ou du prêtre, comme médiateur entre l'homme et Jésus-Christ, se retrouve dans la vie des saints, qui devaient le plus échapper à cette nécessité ; je veux parler surtout des saints et saintes qui, favorisés de grâces extraordinaires, de célestes communications, d'extases, etc., auxquelles les hommes comprennent si peu de choses, semblaient ne pouvoir avoir d'autre guide que Dieu lui-même. Cependant ces âmes étaient sous la puissance absolue de leur confesseur et en général du prêtre ; puissance tellement absolue, mais en même temps d'une si terrible responsabilité, que ces âmes étaient obligées de se soumettre à une direction nécessairement défectueuse, et qui souvent contrecarrait les desseins de Dieu. Jamais Dieu n'a fait aller une âme contre les décisions de son directeur; toujours il le respecte et se soumet.

« Saint Paul mentionne ce pouvoir absolu, contre lequel rien ne peut prévaloir : *Licet aut angelus de cœlo* (ce n'est pas un ange de ténèbres) *evangelizet vobis præterquam quod evangelizavimus vobis, anathema sit!* Devant le prêtre l'ange n'est rien et doit s'effacer, parce que le prêtre seul, comme homme divinisé, est médiateur, et que lui seul est ordonné dans ce but.

« Cette courte explication vous montre la nécessité absolue d'un médiateur entre l'âme et Jésus-Christ, quel il doit être, c'est-à-dire homme déifié ou prêtre, *sacerdos*, et, dans le cas présent, puisque nous ne nous occupons que de la marche de l'âme, confesseur-directeur.

« Quels sont maintenant les moyens généraux nécessaires dans cette grande œuvre du salut des âmes! On peut les ramener à trois : la *prédication*, qui fait connaître la voie, — l'*expiation*, qui maintient dans cette voie, et y fait marcher, — la *nourriture spirituelle*, qui entretient la vie et augmente les forces. Sous le nom de prédication, j'entends tout mode d'instruction religieuse, qu'on peut réduire à trois : la *parole*, c'est-à-dire les sermons, les catéchismes, les lectures, les entretiens pieux, etc.; l'*exemple*, fourni par les bons chrétiens et la fréquentation des compagnies honnêtes; les *faits divins*, ou de nature à exciter en nous de salutaires impressions, comme les miracles proprement dits, et tous les événements, les circonstances dans lesquels nous pouvons reconnaître le doigt de Dieu ; il s'en présente journellement.

« Quelle est la fin de la prédication? Instruire; son influence ne s'étend pas au delà. Ces trois sortes de prédication sont nécessaires, mais il ne faut pas s'exagérer leur puissance pour le bien. Elles sont chargées d'éclairer, de montrer le but, de répandre la lumière sur le chemin, mais elles ne font pas marcher; ce n'est pas là leur rôle. Elles font regarder et voir les objets, mais ne convertissent pas. Combien les miracles, même les plus éclatants, opèrent-ils de conversions? fort peu. Il en est de même du bon exemple. Le bon exemple, les bonnes œuvres, les miracles, servent surtout à la gloire de Dieu : *Luceat lux vestra coram hominibus, ut videant opera vestra bona et glorificent Patrem vestrum.* Et ailleurs l'Écriture nous indique implicitement que tout, ou à peu près, vient du directeur et non du miracle : *Habent Moysen* (loi) *et prophetas* (représentants et interprètes de la loi). *Audiant illos. Si Moysen et prophetas non audiunt, neque si quis ex mortuis resurrexerit, credent!* Ce qui convertit, c'est la prière, unie à de pieuses et intelligentes conversations; c'est la pénitence, l'expiation, surtout par le sang. L'Église est née, et ne peut vivre et se conserver que par le sang; les martyrs ont infiniment plus fait que les apôtres : *Sanguis martyrum, semen christianorum,* maxime toujours vraie et qu'on ne saurait trop méditer.

« La parole n'a pas plus d'influence et moins encore que le miracle et l'exemple. On parle beaucoup dans ce siècle de la puissance irrésistible de la parole, de la presse, de l'éloquence même; c'est vrai et c'est faux. Comme moyens de destruction, elles sont malheureusement très-puissantes, et souvent il est impossible de résister à leur action délétère. On ne peut approcher les lèvres de cette coupe fatale sans être empoisonné; ce qui faisait dire à un grand orateur :
« La parole est plus tranchante que le glaive, plus
« prompte que l'éclair, plus destructive que la guerre.
« Ministres de la parole sociale, n'oubliez jamais que
« la responsabilité la plus terrible accompagne tou-
« jours ce terrible ministère, que l'éternité seule a des
« peines suffisantes pour punir ceux qui mettent la
« parole, ce don divin, au service de l'erreur. » Mais quand il s'agit du bien, cette puissance si formidable s'annihile presque complétement. C'est un remède qui non-seulement ne guérit pas, mais encore est bien loin d'être à la hauteur du mal et n'y sera jamais. Un orateur peut, jusqu'à un certain point, enthousiasmer, comme on dit, son auditoire, si ce dernier est assez bénévole et qu'il soit flatté adroitement, mais à peine est-il descendu de la tribune, que déjà le charme est rompu; l'impression s'efface

et les auditeurs se retrouvent tels qu'ils étaient auparavant.

« Il ne suffit donc pas de voir le but à atteindre pour se lancer dans la voie et marcher; il faut de plus être délié et avoir un guide. Il faut un bon écuyer, passez-moi l'expression, et d'autant meilleur que l'âme à conduire, le coursier à monter et à diriger est lui-même excellent. L'expiation se résumant dans le sacrement de pénitence, de même que la prédication est une suite du baptême, je vais dire quelques mots du confesseur et du directeur. »

Le religieux prit la parole :

« Jusqu'à présent, dit-il au mendiant, je vous ai suivi avec le plus grand intérêt, et j'ai toujours été d'accord avec vous. La franchise de vos affirmations me plaît; d'autre part la clarté et la précision que vous mettez dans vos déductions rendent inutiles de longues explications : en exposant la vérité vous la démontrez parfaitement, et cette simplicité d'exposition, sobre et exempte de toute discussion, est, à mon avis, le meilleur mode de démonstration.

« Je pourrais ajouter beaucoup de choses sur les questions que vous avez soulevées, pour mettre davantage mes idées en harmonie avec les vôtres; mais je ne veux pas oublier qu'ici je suis seulement auditeur et je vous rends la parole. »

Le mendiant continua :

« Je vous ai dit ce que c'était que l'homme, comment il était composé. Vous avez pu remarquer que ses facultés sont placées deux à deux et reliées par une troisième. Cette classification est nécessaire pour bien comprendre ce que je vais dire.

« Considéré dans sa vie, l'homme peut être envisagé sous deux aspects, comme pécheur et comme juste, comme faisant le mal et comme faisant le bien. Sous le premier point de vue, il doit être retiré de son état délié, remis en grâce avec Dieu et dans le bon chemin : c'est proprement le rôle du *confesseur*. Sous le second point de vue, il doit être éclairé continuellement, maintenu dans sa voie et conduit à Dieu par cette même voie : c'est le rôle du *directeur*. Le confesseur arrête sur la pente de l'abîme, délie et réconcilie avec Dieu l'homme comme *pécheur*; le directeur fait marcher l'homme comme *juste*, et le présente à Dieu.

« Je dirai un mot du confesseur et du pécheur. Le péché produit trois effets dans l'âme de celui qui le commet : une souillure, une dette, un esclavage.

« Qu'un homme jusqu'alors honnête se laisse aller à commettre un crime, aussitôt sa réputation se ternit. Il perd son honneur et imprime à son nom une tache proportionnée à la grandeur et à la noirceur de sa faute. Il contracte ensuite envers la justice et la société une dette, qui sera tout à la fois une réparation pour le tort fait par son crime et un châtiment. Enfin, le malheureux tombe entre les mains de la justice qui le prive de sa liberté et le met en prison.

« Cet exemple suffit pour faire saisir les trois effets

du péché. Ces trois effets correspondent aux trois effets du sacrement de pénitence. La souillure correspond à la contrition, par laquelle le pécheur se lave de ses fautes et efface la tache qu'elles produisent. L'esclavage répond à la confession, par laquelle le pécheur, rejetant son péché, s'en délivre, s'en dépouille, et dès lors cesse de lui être assujetti. La dette répond à la satisfaction, par laquelle le pécheur, subissant et accomplissant la peine due à ses crimes, répare et se libère complétement : voilà la part du pénitent. L'absolution, c'est la sentence par laquelle le confesseur délie le coupable, qui est dans les conditions requises, et le fait rentrer dans l'union divine.

« Ces trois actes sont admirablement exprimés en trois mots dans l'Évangile, lorsqu'il est question du triple renoncement de saint Pierre. Dès que le coq eut chanté, c'est-à-dire quand la grâce eut parlé au cœur de Pierre, que son maître l'eut regardé, et que, touché, il eut compris sa faute, Pierre *se ressouvint, il se repentit ;* puis *il sortit dehors,* c'est-à-dire il quitta son péché et le lieu où il l'avait commis ; — enfin *il pleura amèrement,* offrant ses larmes et sa pénitence comme paiement de la dette qu'il avait contractée : *Et gallus cantavit... et recordatus est Petrus verbi Jesu... et egressus foras, flevit amare.*

« Voilà comment se fait une chute, quels sont les effets du péché et comment ils se réparent. Voilà le fait pur et simple ; il suffit de le mentionner. Je passe à la direction.

« Qu'est-ce qu'une âme et que faut il pour la bien diriger? C'est ce que je vais exposer en peu de mots dans quelques données générales. »

VIII.

« Trois choses concourent à former une âme : 1° Ses facultés, ses puissances, ses qualités, ses défauts; 2° l'époque à laquelle elle vit; 3° le milieu social et autre dans lequel elle a passé et passe encore son existence. Je vais entrer dans quelques détails.

« En vous exposant la constitution de l'homme, je vous ai dit qu'il était un être triple, *individu*, — *homme* ou *famille*, — *citoyen*. Considérés d'une manière générale, tous les caractères peuvent se ramener à trois, correspondant à ces trois aspects. Ce que j'ai dit sur la constitution de l'homme s'applique ici : je me bornerai à parler des caractères suivant cette classification.

« Dans les hommes au premier caractère, c'est l'esprit, l'intelligence qui domine. Ces hommes se guident en tout par la raison. L'autorité, le droit, la justice, les lois, la vérité, voilà la règle de leur conduite. Quand ils sont bons, leur obéissance est parfaite et inébranlable; mais ils savent pourquoi ils obéissent. Lorsqu'ils sont mauvais, ils n'ont d'autre règle que leur raison à eux et certaines idées fixes. La passion qui domine chez eux, s'ils sont bons, c'est la passion pour la vérité, le besoin de la répandre, de la communiquer, de la voir triompher et régner. Ils ne peuvent souffrir d'instinct qu'on combatte les bonnes doctrines et l'autorité, non parce que les saines doctrines procurent le bien, mais parce qu'elles sont le droit et la vérité. Ils ont une grande facilité de réflexion, de l'aptitude pour les choses intellectuelles, mais ils cherchent à savoir la raison de tout; ils aiment le pourquoi et le comment des choses.

« Quand ces hommes tournent mal, leur vice dominant est un entêtement que rien ne peut vaincre, parce qu'il est raisonné. S'ils ont le pouvoir en main, ils sont terribles, parce que rien ne peut les arrêter, qu'ils ont de la suite dans les idées et donnent le branle à mille éléments de désordre, qui par eux s'unissent et deviennent formidables.

« Dans les hommes au second caractère, ce qui domine, c'est l'attrait. Le bien, l'avantageux, voilà leur règle ; ils sacrifient et rapportent tout à cela, la morale et la religion, les sciences et les art. Le mobile principal de leur obéissance, de leurs travaux, de leurs actions, c'est le bien. Quand ils sont mauvais, c'est le plaisir ou la volupté.

« Les hommes au troisième caractère sont guidés par l'intérêt. Ils pratiquent la vertu parce que cette pratique procure un gain, un bénéfice à Dieu et à l'âme. Quand ils sont mauvais, ils n'ont d'autre loi que la cupidité.

« Dans la société, les premiers se distinguent par leur amour pour les grands principes sociaux auxquels ils rapportent tout et par lesquels ils se dirigent. Ils sont généralement hautains et despotiques, parce qu'ils ne voient les hommes et les choses que comme moyens de réaliser leurs idées. Ils méprisent et repoussent d'instinct les contradicteurs, les discoureurs, les phraseurs, parce que la contradiction et les discussions de parade gênent et entravent leur marche, et parce que, leur plan étant tout formé, aux moins dans ses grandes lignes, il leur faut des hommes d'action. A leurs yeux la société et tous les êtres qu'elle renferme ne sont guère que des applications de principes, des réalisations d'idées, ce qui est vrai ; mais pour peu qu'ils voient de travers, ils sont exposés à sacrifier à des chimères les hommes et les choses, surtout quand une grande charité ne tempère pas cette inflexibilité de principes, et ne donne pas à leurs actes quelque chose de doux et d'onctueux.

« On appelle ces hommes des hommes de tête. Tous les grands politiques, dans l'antiquité et les temps modernes, Annibal, César, Charlemagne, Richelieu, Napoléon Ier, les grands papes, comme Grégoire VII, saint Pie V, etc., furent des hommes de cette trempe.

« Ces hommes ne voient rien isolément. Ils considèrent les diverses parties dans le tout et s'en occupent suivant l'importance qu'elles ont dans l'ensemble. Rien ne peut les faire dévier de leur ligne de conduite ; une fois leur plan arrêté, ils se mettent résolument à l'œuvre ; tout sert pour l'exécution de leur idée et rien ne les en détourne. S'ils aiment les plaisirs, s'ils ont des passions honteuses, ils les satisfont, moins par volupté que pour s'en débarrasser, de même qu'on apaise un chien en lui jetant un morceau de chair. Quels que soient les débordements auxquels il se livrent, ils ne perdent pas de vue leurs idées, leur système ; les instruments de leurs passions ne sont que des victimes qu'ils sacrifieront sans pitié, lorsque le besoin l'exigera.

« Ils s'occupent du commerce, des finances, des questions d'économie, mais suivant la place qui leur convient : toutes ces choses ne viennent qu'en seconde ligne. Quand ces hommes sont mauvais, ou même, sans être pervers, s'ils tiennent peu compte de la religion dans leur conduite politique, une seule chose peut les arrêter, l'impossibilité matérielle absolue ; ils ne s'arrêtent qu'en se brisant, comme il advint pour Napoléon 1er.

« Les hommes au second caractère s'occupent surtout du bonheur des citoyens et évitent ce qui pourrait y porter atteinte. Ils sont partisans de la paix, détestent la guerre, à cause des souffrances et des malheurs qu'elle entraîne, tandis que pour les premiers la guerre est de soi chose indifférente, comme tous les moyens ; elle devient bonne ou mauvaise, suivant qu'elle procure ou non l'exécution de leur plan et de leurs idées. Ceux-ci sont inflexibles sur les principes, ceux-là les font plier facilement afin de procurer plus de bien-être à la société. Quand ces hommes ont de l'entente dans les affaires et du courage, ils sont très-précieux, parce que, repoussant instinctivement tout ce qui ne contribue pas au bonheur des citoyens, ils peuvent empêcher bien des excès.

« Les hommes au troisième caractère voient surtout l'intérêt. S'ils sont religieux, ils placeront les intérêts spirituels au-dessus des intérêts matériels. S'ils n'ont point de religion, ils ne verront dans la société que de l'argent, du commerce, de l'industrie, des chemins de fer, des maisons, des bois, des champs, etc. Elle sera pour eux une sorte de banque, de comptoir, de magasin, où il n'y a rien autre chose à faire qu'à spéculer à qui mieux mieux sur toutes ces choses. Ils ont horreur de la guerre, du désordre, des révolutions, parce que c'est la ruine de l'agiotage et des affaires.

« Les nations se distinguent par ces trois caractères. Les Allemands sont du premier; de là vient qu'ils sacrifient tout à l'idée, même le bonheur et les intérêts des peuples.

« Les Français, qui sont du deuxième caractère, recherchent avant tout le bonheur des peuples. De là viennent toutes ces qualités qui font du Français l'homme le plus poli, le plus serviable, le plus accommodant. Incapables d'être esclaves d'une idée ou d'un intérêt matériel, ils déconcertent et déjouent souvent les plans des ambitieux et des politiques.

« Les Anglais sont du troisième caractère et sacrifient tout à l'intérêt. Aussi leur vie, leurs guerres, tous leurs actes ont-ils pour but de procurer l'extension de leur puissance commerciale.

« En Allemagne résident les philosophes et les rêveurs ; en France les humanitaires ; en Angleterre les économistes.

« Quand les Allemands ont fait un système philosophique, religieux, politique ou social, ils s'arrêtent. Les Français en tirent tout ce qu'il y a de bon et d'utile pour le bien ou pour le mal, et le rendent intelligible. Les Anglais commencent où les Français s'arrêtent, et l'étudient plus particulièrement sous le point de vue économique. Le proverbe suivant n'exprime pas mal le caractère de ces peuples : Dieu donna aux Allemands les nuages et les airs, aux Français la terre, aux Anglais la mer.

« Tels sont les trois grands caractères auxquels tout se rapporte et qui eux-mêmes correspondent aux trois caractères de l'homme. Chacun a ses subdivisions, dans lesquelles je ne puis entrer. Ces trois caractères ont sous leur dépendance et à leur service les trois connaissances, les trois amours, les trois passions dont j'ai parlé. Les premiers voient le bien dans et par la vérité : « C'est vrai, donc c'est bien et avantageux. » Les seconds voient la vérité et l'intérêt dans et par le bien : « C'est bien, donc c'est avantageux et ce doit être vrai. » Les troisièmes voient la vérité et le bien dans et par l'intérêt : « C'est avantageux, ça rapporte, donc ce doit être vrai et bien. » Voilà leurs maximes et leur règle de conduite au temporel et au spirituel réduites à leur plus simple expression.

« Chaque caractère porte avec lui son défaut. Celui du premier est particulièrement l'entêtement, l'obstination ; elle résulte principalement de l'ordre et de l'unité qui règnent dans leurs idées et leur conduite, même à leur insu. Tout changement portant atteinte à cet ordre, ils en ont instinctivement horreur et tiennent souvent à des choses qui, en apparence et pour d'autres, sont insignifiantes.

« Le défaut du second est le sensualisme. Envisageant les choses au point de vue du bien et du bonheur, ils sont exposés à ne prendre de la vérité et de la vertu que ce qui est agréable et peu gênant et à rejeter le reste comme peu nécessaire.

« Le défaut du troisième est de voir les choses un peu trop matériellement, et, par suite, de ne pas assez tenir compte des principes.

« Le défaut dominant est attaché au caractère. Il résulte de l'imperfection des qualités qui toujours sont faibles par quelque endroit et égoïstes ; de telle sorte que la plus forte ou la plus accentuée finit, si l'on n'y prend garde, par sacrifier les autres et se les asservir.

« Le péché dominant vient principalement de l'éducation qu'on a reçue, du milieu dans lequel on a vécu, des mauvaises tendances qu'on apporte en naissant. Il n'est pas toujours, quant à sa nature, en rapport direct avec le caractère, qui néanmoins lui donne une physionomie particulière et plus ou moins de développement. Tous les vices sont en germe dans chaque homme; ce sont les circonstances surtout extrinsèques, qui font croître et dominer l'un plutôt que l'autre.

« Voilà ce qui concerne l'âme, son caractère, ses facultés, ses puissances, et c'est une connaissance que le directeur doit acquérir le plus vite possible. Il faut, en second lieu, avoir la connaissance de l'époque à laquelle on vit. Chaque époque a sa physionomie particulière qui s'imprime sur le caractère. On tient de son temps, on le personnifie plus ou moins. Il y a dans les âmes des pensées, des sentiments, des aspirations, des besoins, en rapport avec le siècle dans lequel elles vivent. Elles sont un miroir, surtout lorsqu'elles sont jeunes, où le siècle vient se représenter et se peindre. On a dit, et c'est vrai, que par rapport aux goûts et aux idées, une génération vit quinze ans, au bout desquels elle n'est plus actuelle. C'est une grande science et une science essentielle de bien comprendre son temps et ceux qui y vivent.

« En troisième lieu, le milieu social et autre, représenté par la famille, l'éducation, la société en général et les compagnies particulières, exercent sur le caractère la plus profonde influence au point que parfois il paraît presque changé. Ainsi un Français n'est pas un Anglais; un Provençal, un Alsacien, etc. Chaque pays a son tour, chaque famille ajoute quelque chose au caractère, et, sans le détruire, le modifie plus ou moins, Il en est de même du malheur, de la souffrance, de la joie, etc.

« Telles sont, en résumé, les connaissances que le directeur doit acquérir rapidement sur l'âme qui vient se confier à lui. Lorsqu'il a acquis sur son pénitent les connaissances suffisantes pour ne point se tromper à son égard, et qu'il a obtenu sa confiance, c'est alors que commence à proprement parler son rôle de directeur.

« Avant tout le directeur doit avoir une foi ardente et inébranlable, ainsi qu'une immense charité. Il faut qu'il croie que Dieu donnera toutes les grâces nécessaires et au delà, que le pécheur, malgré tous ses vices et toutes ses fautes, a encore les forces nécessaires pour se sauver, que son âme est plus ou moins lésée, mais non totalement réduite à l'impuissance.

« Il faut ensuite une grande charité que rien ne rebute, jointe à un grand esprit de sacrifice. Il en est du mal moral comme du mal physique. Pour regarder en face cette lèpre hideuse du péché, sonder toutes ces plaies gangrenées, voir toutes ces turpitudes sans dégoût, en entendre le récit avec bonté, y apporter le remède nécessaire, il faut aimer et aimer profondément : il faut aimer en Dieu et pour Dieu.

« Enfin le directeur doit prier et expier pour son pénitent, à l'occasion. Le pécheur, en effet, se trouve lié par chaque faute au démon ; pour le retirer de la puissance de cet impitoyable créancier, il faut payer et jusqu'au dernier denier. Or la plupart du temps le pécheur ne paie pas ou paie mal ; il faut que d'autres expient pour lui, sans quoi ses dettes s'accumulent et il se perd. Oh ! l'expiation, qui pourra jamais en comprendre la grandeur et l'importance ! Voyez saint Augustin sauvé par les prières, les larmes, les pénitences de sa mère ! Oui, il faut bien des larmes, bien du sang, outre celui de Jésus-Christ pour sauver une âme !

« Ces qualités se trouvant en lui au service de son pénitent, le directeur doit agir. La lutte, voilà sa grande mission, son grand devoir. Il n'indique pas seulement le but et les moyens à prendre, il est encore et surtout un guerrier, un capitaine qui doit conduire ses soldats au combat et à la victoire. Rappelez-vous ce que je vous ai dit, qu'entre l'homme et Jésus-Christ il faut un médiateur qui participe des deux et vous comprendrez aisément comment tout acte de vertu, fait sans l'approbation, au moins implicite du directeur, est à peu près nul et n'atteint pas son but, parce qu'il n'est pas dans le canal qui seul peut le transmettre. C'est l'application particularisée à une âme de cette fameuse maxime : « Hors de l'Église, point de salut, » c'est-à-dire, en précisant davantage : « Hors du prêtre, point de salut ; tout ce qui se fait sans lui est nul. » Son pouvoir est si étendu, qu'il s'étend même sur la contrition parfaite, qui ne peut remettre les péchés qu'à défaut du sacrement de pénitence et à la condition que le vœu du sacrement s'y trouve inclus. Personne ne peut rentrer dans la voie, ou s'unir à Dieu que par le prêtre.

« C'est pourquoi l'Écriture répète de mille manières cette terrible sentence : *Væ soli!* qui n'est que la sanction de cette autre : « Choisissez quelqu'un pour vous conduire, parce que, ajoute le Saint-Esprit, si l'on tombe, il faut quelqu'un qui vous relève, et que seul on ne se relève pas : *Quia cum ceciderit non habet sublevantem se.* Le directeur qui divinise l'humanité, c'est l'Église, le sacerdoce ; c'est pourquoi, pour être sauvé, il faut appartenir à l'Église, au moins à son âme, c'est-à-dire vivre de sa vie, être représenté par le sacerdoce.

La condition de l'homme sur la terre, dans le temps, c'est la lutte. Un mot suffira pour en montrer la raison. Je vous ai dit que tous les hommes, formant *en droit*, par le seul fait de leur naissance, le corps mystique de Jésus-Christ, doivent *en fait* s'unir à lui, prendre dans son corps mystique la place qui leur est propre. Or cette union est essentiellement volontaire, et Dieu lui-même ne force pas l'homme à la réaliser. Jésus-Christ donc l'invite à correspondre à ses desseins, à prendre son rang dans son corps mystique. Si l'homme accepte, deux sortes d'épreuves l'attendent : l'une qui vient de Dieu, de la nature, de la place que nous occupons, de nos facultés, etc.; l'autre vient du monde mauvais, pervers, de Satan, etc. Toutes deux sont inévitables, et la sainte Écriture nous le répète assez : *Militia vita hominis super terram. Fili, accedens ad servitutem Dei, præpara animam tuam ad tentationem,* etc. On ne peut se dispenser de la lutte. Le point capital est de rester fidèle à son poste et à son drapeau ; c'est de combattre toujours du bon côté et à son rang, afin de pouvoir dire comme saint Paul : *Bonum certamen certavi, cursum consummavi, fidem servavi,* etc.

En parcourant l'histoire vous avez admiré, et avec raison tous ces grands capitaines dont elle enregistre avec éloge les prodigieux exploits. Et cependant, toutes ces guerres matérielles, comparées à celles qui se livrent dans l'ordre moral, ne sont que des jeux d'enfants. Et l'immensité, l'unité de vue et d'action, la pénétration d'intelligence, la rapidité et la sûreté du regard, en un mot, la science et le génie militaire qu'on admire dans Annibal, César, Napoléon Ier, etc., doivent se retrouver, et plus grands encore, s'il est possible, dans le directeur qui doit tenir tête à un adversaire tel que Satan. Les campagnes de ces habiles généraux, avec leurs mille péripéties, se reproduisent avec une exactitude étonnante dans l'ordre spirituel.

« Nombre d'âmes sont fatiguées, découragées, ennuyées de la lutte; elles ne veulent plus en entendre parler. Pour les tirer de cet abattement des forces et de la somnolence spirituelle qui en résulte, il faut une grande habileté. Voyez ce que firent Scipion au siége de Numance, Marius contre les Cimbres et les Teutons, avec des armées abattues, démoralisées, qu'effrayait la seule pensée de l'ennemi. Voyez encore Annibal : quel homme conçut jamais un plan aussi gigantesque, entreprit une lutte aussi formidable avec d'aussi faibles ressources! Certes, l'acharnement avec lequel les Romains se battirent, la valeur extraordinaire qu'ils déployèrent au lac de Trasimène, au Tessin, à Cannes, où cinquante mille des leurs périrent, montrent ce que cet habile général avait su faire de ses soldats.

« Ces exemples, qu'on peut multiplier et développer facilement, montrent cette grande vérité, proclamée à chaque instant, à savoir que le succès, dans quelque ordre de choses que ce soit, dépend beaucoup de celui qui est à la tête, et qu'en particulier de même qu'une armée vaut ce que vaut son général, ainsi, sauf de rares exceptions, une âme réflètera les qualités et le talent de son directeur, si d'ailleurs cette âme est bien disposée, ce que je suppose.

Il me faudrait parler maintenant des facultés et

de leur mise en ordre de bataille, des obstacles, tant intérieurs, comme les scrupules, les ennuis, les illusions, etc., qu'extérieurs, commes les mauvaises compagnies, les séductions du monde, les mauvais procédés, les difficultés qui naissent de positions dangereuses ou compliquées, etc., des occasions, des fautes, qui peuvent venir de circonstances extrinsèques, ou d'une exubérance d'activité, ou d'une grande faiblesse spirituelle, etc. etc.; mais ces considérations nous entraîneraient trop loin, et d'ailleurs vous les connaissez infiniment mieux que moi. »

IX.

— Vous voyez, dit le mendiant, après quelques instants de silence, quelle place immense occupe le prêtre; il tient dans ses mains les destinées de Dieu et du monde, c'est-à-dire du corps mystique de Jésus-Christ. Vous comprenez quelle grande vérité il y a dans ces paroles de l'Homme-Dieu : *Omnis potestas mihi data est in cœlo et in terra... Sicut misit me vivens Pater, et ego mitto vos...* Comme mon Père m'a envoyé, ainsi je vous envoie. De même que je suis le médiateur entre Dieu et le monde, de même vous êtes les médiateurs entre moi, Jésus-Christ, et l'humanité, mon corps mystique. C'est pour cela que je vous consacre prêtres et apôtres. Vous avez pour agir sur et dans l'humanité, et par suite en Dieu et dans le monde, la même puissance que moi, c'est-à-dire une puissance universelle et absolue.

« Je n'ignore pas qu'il y a des âmes qui échappent malheureusement à ce divin empire du prêtre, ou qui, lors même qu'elles auraient le meilleur directeur, se damneraient encore. Non que ces âmes n'aient ce qu'il faut pour se sauver, soit sous le rapport des qualités naturelles, soit sous le rapport de la grâce; mais c'est que probablement leur première éducation a été manquée; quand un bon directeur ne peut rien, ou presque rien, la faute vient presque toujours de là. De même vous ne trouverez presque aucun saint, ou même un bon chrétien, qui n'ait reçu une bonne éducation de famille, au moins négativement. Quiconque a été élevé et a grandi dans le mal, celui-là, à moins d'un miracle, aura bien de la peine à se sauver.

« Si donc on trouve de ces âmes, et elles ne sont pas rares à cette époque de haines, de mépris, de défaillance universelle, pour ainsi dire damnées d'avance, et sur lesquelles le meilleur, le plus saint directeur, n'a que peu de prise, c'est que ces âmes, soyez en sûr, ont été perdues dès leur enfance. Et pour cela, il n'est pas toujours besoin qu'elles aient été élevées positivement dans le mal, non; il suffit trop souvent, hélas! qu'un défaut, une tendance mauvaise n'ait pas été réprimée. Ce défaut, cette tendance mauvaise, les circonstances aidant, a déréglé une des trois connaissances, un des trois amours, une des trois passions dont j'ai parlé. Et alors le démon, siégeant dans cette puissance pervertie comme dans une citadelle, s'est emparé adroitement de la passion dominante, pour la faire mouvoir à son gré, et peu à peu il est devenu le maître absolu dans cette âme.

« C'est ainsi que Judas se perdit. Il avait de bonnes qualités, un bon naturel, bien que vicié déjà par les fautes de ses parents et le crime de sa naissance, s'il est vrai, comme le disent la tradition et des révélations particulières, qu'il eut le malheur d'être fils illégitime. Quoi qu'il en soit, sa persistance à rester dans la compagnie de Jésus et ses remords prouvent qu'il y avait du bon en lui. Mais quand il fut choisi par le Sauveur, déjà l'ennemi, par suite de sa mauvaise éducation première et de ses antécédents, était maître chez lui; il en possédait toutes les places fortes. Et cette possession jointe aux autres causes, avait dû éteindre, ou même empêcher de croître cette sensibilité morale, qui est à l'âme ce que la sensibilité physique est aux cordes de la harpe. Le bien et le mal, le vrai et le faux ne produisaient déjà plus sur sa conscience, sur son intelligence et sur son cœur qu'une vibration affaiblie et insignifiante. Et voilà pourquoi, sans doute, bien que Jésus-Christ fît, pour convertir et sauver Judas, tout ce que lui suggérait son amour, il ne put l'arracher à son funeste état. Judas voyait et il ne *comprenait* pas, il était *touché* par les doigts de ce divin artiste et il ne *rendait aucun son*. Il était comme ces corps singuliers qui absorbent la lumière et la chaleur, sans en être ni éclairés, ni échauffés.

« On dit que ce fut l'avarice qui le perdit, ce n'est pas là la véritable cause. Jésus-Christ savait bien que l'argent n'était qu'un aliment, jeté, comme une proie, pour satisfaire d'autres penchants. S'il avait suffi de retirer la bourse au malheureux pour le sauver, nul doute que le Sauveur n'eût pris ce moyen. Pour moi, ma conviction est qu'il confia la garde de l'argent à Judas, précisément afin de lui épargner peut-être de plus grands crimes, qu'une passion sans aliment produit presque toujours. Judas se perdit, uniquement parce qu'il ne *s'unit* pas à Jesus; il resta toujours, il vécut toujours *séparé*. Et il ne s'unit pas, partant ne reçut pas la vie divine en lui, parce qu'il n'eut pas le courage de rompre avec son passé.

« Dès lors, par suite de cette séparation obstinée (rappelez-vous ce que je vous ai dit sur la liberté, l'égalité, la fraternité), il y eut une hostilité secrète, dont l'infortuné eut d'abord à peine conscience, dont Jésus-Christ l'avertit bien des fois sans doute, et dont il lui prédit, mais en vain, les conséquences fatales; hostilité qui, conduite et favorisée par Satan avec une infernale habileté, alla s'envenimant de plus en plus et qui se termina par la trahison de son maître. Judas ne voulant pas s'unir à Jésus-Christ, s'*élever* à la hauteur des apôtres fidèles, ne voulant pas s'*égaler* a eux, en les imitant, il voulut *rabaisser* son maître et le faire disparaître; c'est la loi, loi terrible, qui ne souffre point d'exception.

« Judas faisait bande à part dans le collége apostolique. Il prenait de l'argent, sans y tenir probablement plus que les autres; il volait, parce qu'il n'avait pas d'autres moyens de satisfaire ses désirs désordonnés. Si Judas reproche à Marie la perte du précieux parfum qu'elle répandit aux pieds de Jésus, il agit d'abord comme les autres disciples, qui tous se récrièrent sur une telle perte: *Videntes autem discipuli, indignati sunt.* Mais, dit saint Jean, le traître, en parlant ainsi, ne pensait guère aux pauvres, comme il le prétendait; il songeait à s'approprier une partie de cet argent, et donner ainsi à ses désirs, à ses passions, une plus abondante nourriture; et surtout, sans se rendre compte, il était *jaloux* et *mécontent* de l'honneur que recevait Jésus.

« Voyez quelle nonchalance, quelle indifférence dans la somme qu'il demande aux princes des prêtres! C'est moins le prix qui l'intéresse, que de se débarrasser par un moyen digne de sa vengeance et de sa haine, de son maître qu'il ne peut plus supporter : « Que me donnez-vous, dit-il, et je vous le « livrerai? » Et il accepte la somme qu'ils lui comptent : *Quid vultis mihi dare, et ego vobis eum tradam? At illi constituerunt ei triginta argenteos... Et exinde quærebat opportunitatem ut eum traderet.*

« Quelle révélation et quel profond enseignement dans ce court dialogue! Comme Judas se découvre tout entier dans cette résolution d'aller trouver les ennemis acharnés de Jésus, et cette question embarrassée qu'il leur pose et dont voici le vrai sens : « Je ne puis plus supporter cet homme (Jésus); sa vue m'irrite, sa grandeur m'écrase, sa présence m'est un épouvantable fardeau. Ma patience est à bout; c'en est assez, c'en est trop; il faut qu'il meure, qu'il disparaisse! Mais sa mort ne me suffit pas pour me relever, me placer au-dessus de lui. Eh bien! ce sera moi qui le livrerai! Et pour le mettre aussi bas que possible, afin que mon triomphe soit complet, ma vengeance parfaite, j'ajouterai l'ironie à l'insulte; je mettrai de la coquetterie dans la forme; je le trahirai par un baiser : *Qui tradidit eum, dedit eis signum : Quem osculatus fuero, ipse est, tenete eum!* C'est lui, Judas, qui donne ce signe, ce moyen.

« Mais je ne puis le livrer pour rien; ce serait avouer ma haine et d'ailleurs obliger les princes des prêtres à une horrible reconnaissance, et c'est impossible. La trahison est essentiellement vénale, il faut qu'elle se paie, parce qu'elle n'est pas avouable et qu'elle ne peut être un moyen d'union. Voyons, princes des prêtres, ennemis jurés du Christ, que me donnez-vous pour sauver, voiler les apparences, et vous dispenser de toute obligation? L'argent peut seul nous rapprocher pour le crime sans nous confondre : Que me donnez-vous? Arrêtons le contrat ; *Quid vultis mihi dare ?* »

« Voilà les pensées qui s'agitent confusément au fond du cœur de Judas. Et comme les princes des prêtres savent lire dans son âme! comme ils découvrent bien les vrais motifs qui font agir cet infortuné! « Nous voyons bien que ce n'est pas pour de l'argent que vous vendez votre maître. Votre trahison ne s'estime pas à prix d'or; vous travaillez à assouvir votre haine, comme nous, nous cherchons à procurer l'exécution de nos desseins sur Jésus. Mais à la trahison il faut un salaire ; il faut acheter et payer votre concours. Voici notre prix : cette somme est assez forte pour nous lier et établir le contrat nécessaire ; voilà 30 deniers : *Et constituerunt ei triginta argenteos.* »

« Judas, dont le but en tout ceci est de perdre son maître, reçoit avec indifférence la somme qu'on lui présente, et qui n'a à ses yeux d'autre valeur qu'une signature officielle, et il s'en va prendre les moyens d'assurer sa vengeance : *Et exinde quærebat opportunitatem ut eum traderet!*

« L'Évangile ne dit pas que Judas vendit son maître, mais qu'il le trahit : *Unus ex vobis tradet me..... osculo Filium hominis tradis..... qui tradidit eum.....* Et cette trahison est causée par la grandeur de Jésus, contre laquelle Judas se révolte, qu'il veut dégrader, ravaler, anéantir : *levabit contra me calcaneum suum!* Quand ailleurs la sainte Écriture dit que le Christ fut apprécié et vendu 30 deniers, qu'il fut estimé à prix d'argent, elle se borne à énoncer simplement le fait ; et seul il dit encore assez haut que ce fut une trahison et non pas un marché !

« Le crime commis et consommé, Satan qui possède et gouverne l'âme de Judas depuis si longtemps, avec si prodigieuse habileté et une entière puissance, comme nous le révèle la sainte Écriture dans son éloquente brièveté : *Cum diabolus jam misisset in cor, ut traderet eum*, possession qui fut seulement sanctionnée et consommée par la communion sacrilége : *Et post buccellam, introivit in eum Satanas*, Satan, dis-je, se dissimule dans l'âme de Judas. Il se tait, il se cache et laisse le malheureux qu'il a perdu *seul avec lui-même*, en face de son forfait épouvantable. Alors la conscience de Judas, débridée par le démon, fait entendre sa voix ; son âme se réveille ; son crime lui apparaît dans toute son horrible scélératesse ; et, conduit par le remords, non par le repentir, le traître va reporter ou plutôt jeter dans le temple les trente pièces d'argent, dont il ne sait que faire, et s'écrie : « Voilà le gage que vous m'avez donné, la signature et l'assurance de votre concours dans cette œuvre de haine. Le crime est commis, je vous rends votre argent. Quant à moi, auteur et exécuteur de cette infâme trahison, je suis perdu, mon crime est inexpiable : *Peccavi tradens !* »

« Et les princes des prêtres, qui n'ont pas conseillé la démarche de Judas, se contentent de répondre : « Nous nous chargeons du *meurtre*, de la *mort* de Jésus; son sang retombera sur nous. Mais nous ne sommes pour rien dans la trahison qui l'a remis entre nos mains. Nous ne l'avons ni conseillée, ni même payée; car l'argent que vous nous reportez n'avait pas ce but. Nous en avons simplement profité. Nous avions résolu d'arrêter Jésus, nous avons accepté, à défaut d'autres, le moyen que vous nous proposiez. Son arrestation, sa condamnation et sa mort, voilà notre œuvre. La trahison ne nous regarde pas, c'est votre affaire : *Peccavi tradens!... Quid ad nos? Tu videris.*

« Voilà, en abrégé, mon Révérend Père, comment s'accomplit cette grande tragédie; voilà comment Judas fut amené à commettre un déicide. L'Évangile n'en dit que quelques mots; mais dans ce laconisme, quel enseignement pour l'âme qui sait voir et comprendre ! Et comme chaque mot porte et a sa valeur.

« Je ne sais comment cet exemple s'est présenté sur mes lèvres, ce qui m'a amené à faire cette lugubre homélie sur un sujet tant rebattu et pourtant si neuf encore. Quoi qu'il en soit, il confirmera ce que j'ai dit et terminera ce trop long entretien.

« Vous pouvez voir par cet exemple ce qui arrive à une âme qui, pour n'importe quels motifs, est arrêtée et recule, tandis que d'autres marchent à ses côtés. D'abord elle laisse les autres marcher, quelquefois avec plaisir; si elle n'est pas égoïste et méchante d'instinct, le bonheur qu'elles éprouvent se reflète aussi sur elle, et lui procure encore quelque satisfaction. Puis, restant toujours en arrière, reculant et étant de plus en plus devancée, par conséquent étant de plus en plus *bas et seule*, un certain malaise se fait sentir. L'ennui, la tristesse, arrivent et s'imposent avec leur cortége ordinaire, l'envie, la jalousie et mille autres souffrances, mal dissimulées sous un extérieur de gaieté et de bonne humeur. Enfin l'irritation gagnant toujours, si soi-même on ne se porte aux derniers excès par une révolte ouverte, on est bien aise de voir les autres attaqués, dénigrés, rabaissés; on favorise ces attaques, au moins par son silence et de spécieux prétextes : c'est-à-dire que pratiquement on est un révolutionnaire à n'importe quel degré.

« Vous voyez quelle différence profonde il y a entre le juste qui tombe, mais se relève et ne *recule* pas, et le pécheur, l'impie, qui peut-être commet des fautes moins énormes, mais *descend* de plus en plus dans l'abîme : *Justus cadit et resurget... impii corruent in malum*. C'est moins la faute que ce qui la fait commettre qu'il faut considérer. Il en est qui commettent des déicides plus grands peut-être que celui de Judas, des fratricides plus monstrueux que celui de Caïn, des crimes plus abominables que celui de Cham, et qui se sauvent. Mais lorsque le pécheur, après avoir suivi peu à peu, lentement, cette pente, cette voie descendante du mal, en arrive au dernier degré, la haine ; lorsqu'après avoir fait disparaître l'objet qui attestait sa dégradation et pesait sur lui, et que seul, en présence de son crime, de son état toujours le même, il s'écrie : *Mon crime est inexpiable!* il déclare, parce qu'il le sent trop bien, le malheureux ! non pas que sa faute échappe à la clémence, à la miséricorde divine, mais qu'il est si bas, que toutes ses puissances morales sont tellement brisées, qu'il lui est impossible de se relever, de sortir de son état ; il roule, il se précipite, *corruent,* comme une machine désordonnée, comme un coursier usé qui ne se relève que pour tomber et retomber encore, jusqu'à ce qu'il reste sur place ; trop profonde est sa chute, trop grande est sa *déviation : major est iniquitas!* Non, sans doute, il n'y a point de fautes irrémissibles ; mais l'expérience démontre qu'il y a dans l'ordre moral, comme dans l'ordre physique, des maladies, des états incurables et que seul le miracle peut guérir !

« Vous pouvez avoir aussi, par tout ce que j'ai dit, une idée générale du gouvernement du monde et des choses humaines. En particulier, vous devez être pénétré de cette grande vérité que si tant d'âmes se damnent, si tant d'autres, plus nombreuses peut-être, végètent au lieu de marcher courageusement, et se sauvent à peine, la faute n'en est pas à Dieu, mais à l'homme. « Il se peut qu'une volonté créée annule,
« je ne dis pas l'*effort*, mais le *résultat* (ou l'effet) de
« l'action divine. Car, dans ce sens, Dieu lui-même

« nous a dit que Dieu veut des choses qui n'arrivent
« point, parce que l'homme ne veut pas : *Jerusalem,
« Jerusalem, quæ occidis prophetas... quoties volui et
« noluisti!* Ainsi les droits de l'homme sont immenses,
« et le plus grand malheur pour lui est de les igno-
« rer... La volonté de l'homme dans le cercle du mal
« peut contrarier Dieu ; que peut donc cette même
« volonté lorsqu'elle agit avec lui ? Où sont les
« bornes de cette puissance ? Sa nature est de n'en
« point avoir. »

« Mais à quoi bon tout ceci, ajouta le mendiant.
Terminons un entretien que je ne puis ni ne veux
poursuivre plus loin. Quel fruit en retirerai-je ?...
Aucun, sinon peut-être d'avoir retrouvé quelques
larmes... Et maintenant, mon Révérend Père, si
toutefois je suis digne de vous donner ce nom, fuyez
un malheureux qui a pu vous intéresser quelques
instants, mais à l'état duquel vous ne pouvez rien
faire. Ne priez même pas pour moi ; car vos prières
m'attireraient de nouvelles grâces de Dieu, lesquelles
restant sans effet et méprisées, seraient pour moi la
cause d'un surcroît de châtiments dans l'autre vie, et
j'en ai déjà bien lourd ! »

Le religieux, qui voyait s'évanouir toute espérance, voulut tenter un dernier et suprême effort.
Comprimant ses émotions et essuyant ses larmes, il
dit au mendiant d'un ton ferme, quoique plein de
douceur :

« Vous vous condamnez vous-même, mon cher

ami. Car cette puissance de la volonté dont vous parliez tout à l'heure, est aussi et même plus grande pour le bien que pour le mal : c'est vous qui l'avez dit.

« Si donc vous pouvez tenir en échec la miséricorde de Dieu, en annulant pratiquement son effet sur vous par votre simple refus, vous pouvez, en levant cet obstacle purement personnel de votre part, arrêter la justice, ou plutôt le châtiment, en donnant à la justice pleine satisfaction par le repentir. D'autre part, et c'est toujours la conséquence de vos paroles, votre perte, lésant la gloire de Dieu et le corps mystique de Jésus-Christ, Dieu, qui veut sa gloire et la formation complète de ce corps, vous fournira tous les moyens de vous sauver. De sorte qu'en dernière analyse, l'obstacle est presque entièrement de votre côté : libre à vous de le supprimer.

— Vous oubliez bien des choses, répondit le mendiant, entre autres que je ne suis plus à ma place, et qu'après la conversion, il faut la persévérance... Mais passons; je n'accuse que moi de ma damnation. Bien des personnes et des circonstances terribles y ont contribué; mais enfin Dieu m'a ménagé des occasions de me convertir; je n'ai pas su en profiter. Et maintenant...

— Il vous en offre une plus belle et plus précieuse, et qui peut-être sera la dernière, interrompit le religieux d'une voix suppliante.

— Il n'est plus temps ! continua le mendiant, comme s'il n'eût pas été interrompu. »

Cela dit, il se leva, et, jetant sur le religieux qui, la tête dans ses mains, versait d'abondantes larmes, un morne et douloureux regard, il alla se poster à quelque distance, comme pour respirer plus à son aise.

Les yeux fixés sur l'abîme, qui s'ouvrait béant à ses pieds, et prêtant l'oreille aux mugissements lointains et confus du torrent qui contournait la montagne, il se prit à réfléchir. Ses pleurs s'arrêtèrent, son visage redevint impassible. On eût dit que son âme était identifiée au grandiose paysage qui l'entourait, et auquel les pâles rayons de la lune prêtaient des formes étranges et fantastiques.

Quel était donc cet homme, dont un rapide entretien venait de révéler, comme par enchantement, les dons extraordinaires? Quels revers avait-il donc éprouvés, quelles fautes avait-il commises pour être tombé si bas, être devenu si malheureux !... Et dans la voie fatale où il était engagé, toutes ces précieuses qualités, cette brillante et profonde intelligence, ce cœur généreux, cet amour, ce culte de l'autorité, cette foi à transporter les montagnes, cette charité à embraser le monde, qualités qui eussent suffi à faire plusieurs grands saints, se trouvaient misérablement perdues !

... Que lui avait-il donc manqué?...

Autant que ses paroles le laissaient entrevoir, il

avait grandi seul, sans direction et sans amour, et cela parce qu'il n'avait jamais rencontré quelqu'un qui prit soin de lui, ni qui l'aimât réellement.

Quand le religieux releva la tête, il promena ses regards de tous côtés, pour chercher à apercevoir son compagnon; ce fut en vain : le mendiant avait disparu.

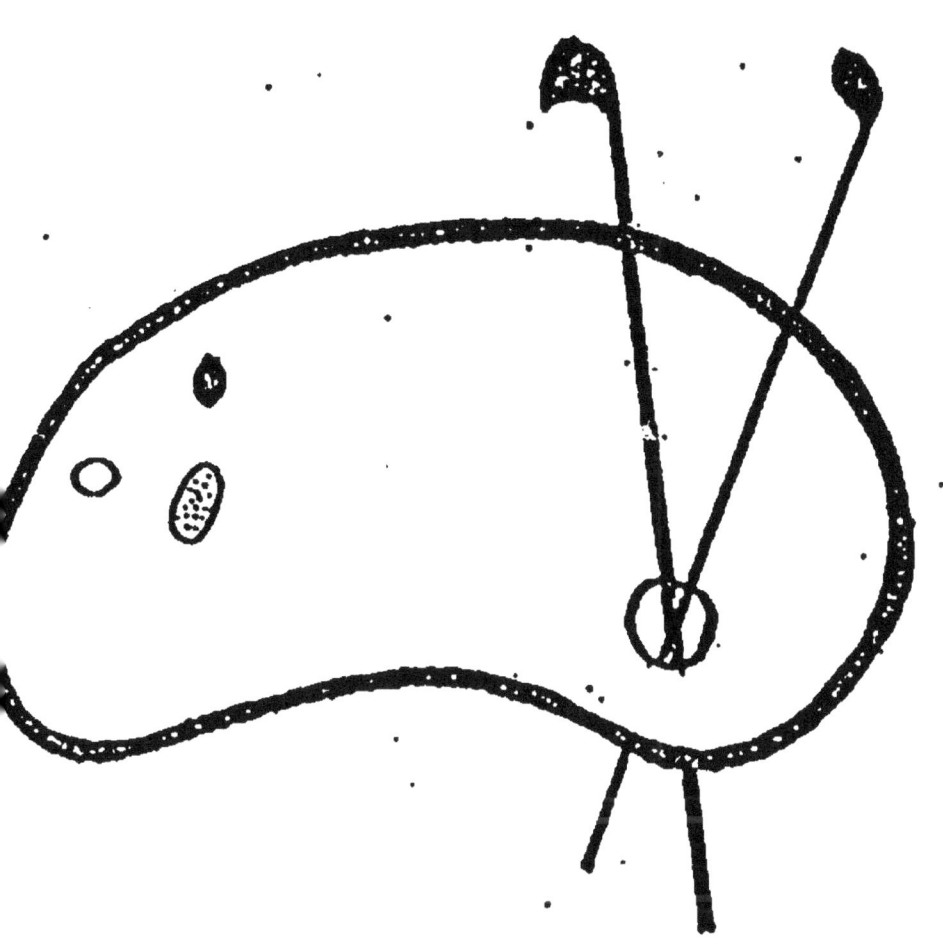

ORIGINAL EN COULEUR
NF Z 43-120-8

www.ingramcontent.com/pod-product-compliance
Lightning Source LLC
Chambersburg PA
CBHW060203100426
42744CB00007B/1153